# 自治体企業会計導入の戦略

高寄昇三

# はしがき

　地方財政の窮乏化がすすむにつれて,地方財務に企業会計システムを導入して,財政危機を回避しようとする動きがにわかに高まっている。
　新聞に自治体の貸借対照表・損益計算書などが掲載され,地方財務会計の企業会計化が一気に普及しはじめた感がある。しかし,自治体会計の企業会計化は,実際の地方財政運用において実効性があがっているのか,十分な検証がなされているわけでない。
　地方財務会計の企業会計化は,自治体の民主化・科学化のために,不可欠の改革であるにしても,その導入戦略は再検討されなければならない。
　第1に,企業会計化の動きは今日にはじまったのではない。地方財政は,昭和48年のオイルショック後の反動不況に見舞われ,自治体は企業会計化をすすめ,貸借対照表・損益計算書・連結決算書も作成されたが,なんらの具体的成果もなく消滅している。
　第2に,自治体の企業会計への拒否反応がある。理由は企業会計化によって,具体的に効果がみえないからである。企業会計化が,地方財政運営において実利的メリットをもたらす実績を証明し,官庁会計的思考を洗脳する効果をもたらすのかである。
　第3に,地方財務会計の企業会計化は,ストレートにはいかない。自治体は収益企業ではなく,公共性という公経済独自の性格がある。財務的には資本金もないし,収益率とついたメルクマークもない。
　現在の自治体財務の公会計化は,企業会計への適用を金科玉条としているが,公会計の独自性を組みいれた,企業会計化でなければ実効性は疑わしい。
　第4に,官庁会計への企業会計の適用において,2つの会計システムのメリット・デメリットをどう調整していくかである。現在の地方財務会計でも,

財政運営の診断はそれなりに行われている。企業会計化は,地方財務会計方式の欠陥を治癒し,財政分析を向上させる手段であるが,ストレートの企業会計化では実効性はあがらない。

第5に,企業会計化はあくまで手段,いいかえればツールであって,それ自体が目的ではない。如何に立派な企業会計化を達成しても,自治体が,その会計システムを活用する,意欲と知恵がなければ,貸借対照表もいわば死に体として,放置されたムダの制度化となる。

現在,自治体における企業会計化の動きは,企業会計諸表の作成に力点がおかれ,むしろ地方財政からみた,行財政運営改革の処方箋への展開が不十分である。会計システムとしての正確性より,会計システムとしての有効性を重視し,実践的な企業会計化でなければならない。

このような地方財務会計の企業会計化の状況を考えると,自治体公会計化への戦略を再編成しなければならない。

第1に,自治体財務における企業会計システム,そののもが価値があるのでなく,行政コスト分析,費用効果分析,ベンチ・マーク方式,行政評価システムなどへと連動するという発展性をもつことで,その導入効果も具体性をもつのである。

自治体の企業会計諸表作成は,自治体財政運営指針の一里塚であり,さらに高次の財政分析へと発展させる方針・戦略を,策定していることが肝要である。

第2に,地方財務会計の企業化にもとづく,行政コスト分析をベースにして,自治体の意識改革をめざすべきである。すなわち行政コスト意識のない首長・行政・地方公務員は,政策能力が未成熟であり,市民意識すら欠如している。

自治体関係者が,行政コスト意識を磨いてこそ,行財政のムダを淘汰し,市民福祉を守っていく気概が醸成されるのである。さらに企業会計化は,自治体改革へのインセンティブを,注入しいく効果を秘めているのである。

地方財政の再建は,これからが本番であり,地方財務会計改革もこれから

が，正念場を迎えるといえる。

　本書が自治体公会計化について，改革的示唆を与えることができれば，筆者のよろこびはこれに過ぎることはない。

　このような時期において，地方財務会計の企業会計化をベースして，自治体改革論を展開してみた。このような争点の多い地方公会計について，出版に機会を与えていただいた，公人の友社武内英晴社長の配慮に感謝します。


　平成15年9月20日

　　　　　　　　　　　　　　　　　　　　　高　寄　昇　三

## 目　次

はしがき …………………………………………………………… 2

Ⅰ　地方財務会計改革の要因 …………………………………… 7

　1　企業会計化化の課題 ……………………………………… 8
　2　官庁・企業会計の相違点 ………………………………… 12
　3　地方財務公会計化の必要性 ……………………………… 16
　4　地方財政指標診断との関係 ……………………………… 19

Ⅱ　公会計と行政コスト分析 …………………………………… 25

　1　行政コスト分析の適用 …………………………………… 26
　2　官庁会計方式のコスト算出 ……………………………… 29
　3　行政コスト計算書の作成 ………………………………… 22
　4　行政コストと行政効果 …………………………………… 36
　5　選別基準と公共性 ………………………………………… 40

Ⅲ　損益計算書と貸借対照表 …………………………………… 47
　1　発生主義会計とストック会計 …………………………… 48
　2　キャッシュ・フロー計算書 ……………………………… 52
　3　資産会計の課題 …………………………………………… 55
　4　貸借対照表の作成 ………………………………………… 59
　5　貸借対照表の限界 ………………………………………… 61

Ⅳ 連結決算と事業別会計 ……………………………………… 67

 1 連結決算方式の導入 ………………………………… 68
 2 連結決算と外郭団体再建 …………………………… 73
 3 自治体の事業別会計 ………………………………… 78
 4 事務事業の公営企業会計化 ………………………… 77

Ⅴ 公会計の展開的活用

 1 ベンチ・マーク方式の効用 ………………………… 85
 2 公会計システムと民主化科学化 …………………… 89
 3 財務会計改革の方向 ………………………………… 95

参考文献 ………………………………………………………… 98

I　地方財務会計改革の要因

1　企業会計化への課題

　地方財政の制度改革が叫ばれ,地方財政運用では地方財務会計の企業会計化が求められている。すなわち地方財務会計を官庁会計化でなく,企業会計化をめざす,「公会計化」への変革で,管理会計でなく「政策会計」への変革である。単なる企業会計化でなく,自治体改革の牽引力となる地方財務会計の変革が「公会計化」であるが,**第1表**のように多くの難問が介在している。
　第1に,地方財務会計システムの未発達は,自治体の怠慢だけでなく,企業経営と自治体経営との制度・原理の相違も無視できない。公経済である自治体財政は,企業会計の収益性という明確なメルクマークが設定できない。逆に公共性という曖昧で算出困難なガイドラインしかない。
　たとえば事務事業の財政収支を算出し,赤字であっても,福祉・防災事業などでは,赤字は当然であって,企業会計の損益分岐点などは,まったく意味をなさないのである。
　地方財政には,公経済独自の性格があり,企業会計方式の自治体会計へのストレートな導入では,自治体財政の状況を正確に反映できない。企業会計サイドが,公会計の特殊性をふまえた,導入戦略を心がける謙虚さが求められる。
　すなわち企業会計だけでは,公会計の公共性の問題を克服できない。卑近な事例では保育所の赤字をいくら正確に算出しても,自治体の対応策はでてこない。公共経済学にもとづく公共性の分析によって,当該事務事業の公共性の度合いにおうじて,財政支援をする,「擬似独立採算制」を設定する行政の知恵が,行政コスト分析に実効性もたらすのである。
　第2に,地方財務会計は,企業会計のような株主出資金がなく,包括的な対価として無償の地方税・交付税・補助金があり,貸借対照表においても実質的な資産状況を,反映する会計指標の作成は容易でない。

第1表　自治体会計と企業会計の調整

| 自治体財務会計 | 企業営利会計 | 調整システム |
|---|---|---|
| 公共性 | 収益性 | 擬似独立採算制 住民満足度調査 |
| 住民税負担 | 株主出資金 | 貸借対照表改善・行政コスト分析 |
| 地方債資金調達 | 法人投資資金調達 | 財政診断指標・市民統制システム導入 |
| 地方財務会計制度 | 会社企業会計制度 | 財務会計の発生主義・ストック、連結会計 |
| 費用負担と市民 | 企業収益と株主 | 住民投票制・情報公開・費用負担システム |
| 官庁会計不当支出 | 企業会計不正経理 | 外部監査導入、アカンタビリティの確立 |

　自治体会計への性急な企業会計導入は,実効性のうすい知的遊戯になる危険性が高い。自治体におけるコスト意識の浸透がないまま,企業会計諸表を作成し,財政運営における成果を,性急に期待しても無理である。仮にシステムとして企業会計化に成功しても,実際の財政運営においては尊重されることなく,机上演習に終わるであろう。

　要するに当該自治体の行財政風土をまず,合理性のあるのもに体質改善するため,企業会計化をどう活用するかの,十分な配慮が必要である。具体的には貸借対照表における資本金・正味財産の概念を,公経済にふさわし内容に改善し,行政コスト分析・住民費用負担を通じて,株主として市民の実感を培養するシステムの開発努力が必要である。

　第3に,民間企業は,資金調達,利益処分,税務対策として,必ず企業会計処理が必要であり,その実効性も制度的に保障されている。しかし,自治体の場合,地方税課税,交付税算定,補助金認証,地方債発行に会計諸表は必要とされない。

　最近,地方債の格付けの問題から,自治体における公会計処理の必要性が,提唱されているが,地方財政指標の経営診断で十分に対応できる。したがって現行の地方財政システムから,企業会計化の要請は弱い。

　現在の地方財政運営において,公会計化は,制度的に認知されたシステムではない。したがって自治体の企業会計導入は,ある意味では首長のスタン

ドプレイであり，行財政改革のカモフラージュであり，財政環境・政治変動があれば，たやすく放置されたままになりかねない。

　公会計にかぎらず，行政評価システム，環境アセスメント制度，ベンチ・マーク方式など，行財政改革の新手法に共通する現象である。このような改革システムが，自治体に定着するには，公会計の有効性を企業会計サイドから，立証していかなければならない。

　いいかえれば企業会計方式は，一時のブームとなって形式的に作成されても，やがて衰退していくであろう。しかし，公会計化は，情報公開・住民投票・行政評価など，自治体改革の一環として，自治体関係者が十分に活用していく前傾姿勢をもっていれば，システムとして定着し，自治体改革への有効な手段となるのである。

　第4に，地方財務にとって，企業会計システムはいわば，外来植物のようなもので，地方財務会計という土壌には，なじまない要素を秘めている。コスト意識が希薄であり，支出原則が財源主義という運営風土の下で，企業会計化へのインセンティブは弱い。

　企業会計化が，実益をともなった導入でなければ，企業会計諸表が，自治体運営から遊離したシステムと化する恐れがある。要するに企業会計方式といえども，伝統的な地方財務会計の補完・補充として導入し，次第に地方財政診断指標のより高次分析として，公会計分析手法を利用していく戦略が実践的である。

　第5に，自治体公会計導入の市民的圧力も弱い。日本の地方自治制度は，住民投票制が欠落しているので，公共投資・行政サービスにおいて，行政コスト分析・費用負担区分などの公会計処理が，制度的に強要されていないのである。

　さらに地方税の税率は，全国一律であり，行政サービスの水準が違っても，地方税負担は同じで，最終的には交付税・補助金で調整されている。いいかえれば住民が，自治体の行財政活動について，事業コストの分析，建設費の負担区分など，事業内容についての会計的分析をしていく，インセンティブ

は制度的には欠落しているのである。

　日本の場合は，全体の行財政計画でも，個別プロジェクトでも，厳密な事業経営の見通し，建設債の償還計画などについて，市民の洗礼をうけることはない。要するに行政内部の官僚的操作だけで決定され，事業経営などについて，会計的・経営的審査はなきに等しい。しかも結果責任を問う，行政風土も痩せている。

　今後，自治体財政運営の民主化科学化をめざして，住民投票・情報公開・事業別会計方式などで，住民負担と財政運営との関連性を深めていかなければ，企業会計化といっても地方財務会計に吸収され死滅しかねない。

　第6に，自治体は，地方財務会計の企業会計化において，銘記すべきは，公営企業はすでに企業会計化されているが，必ずしも行政サービスの改革に成功していないのが事実である。独立採算制が保持されていなのではなく，公営企業会計そのものが効率化への先導的システムと，なっていない厳粛な事実である。

　地方公営企業における企業会計化の悪しき先例をみるとき，一般会計においても，公会計化は手段であって，自治体が，自治体財政の効率化・政策化に寄与する戦略を秘めていなければ，公会計化はムダな粉飾システムとの非難を甘受しなければならない。

　このように地方財政運用において，経営マインドが，醸成されにくい風土にある。ことに近年の地方交付税のように，自治体が財源不足を建設債を発行して，その元利償還金で補填するシステムは，自治体財政の健全な経営マインドを，ますますスポイルしていった。

　要するに地方財政の運営において，公会計化が制度的にも実際的にも育つ土壌になっていない。しかも企業会計化によって，すべてが解決することでないことは，株式会社の不正経理にもとづく，企業倒産の実例をみても如実にわかる。

　したがって昨今のように，自治体公会計化だけが，先行して導入されても，貸借対照表・損益計算書・連結決算書も，立ち枯れになる危険性がある。し

たがって企業会計化の先例である，地方公営企業の運営実態から，自治体会計の企業会計化は，多くのものを学ぶ必要がある。

## 2 官庁・企業会計の相違点

自治体会計の現状は，一般的に明治時代のままである。このような明治以来の官庁会計システムを改善するため，昭和34年に「地方財務会計制度調査会」を設置し，37年3月，答申書を提出し，38年6月に地方自治法の大改正（法律第99号）がなされたが，地方財務会計の手直しにおわっている。

要するに同調査会の答申が必ずしも，地方財務システムの改革に連動していない。第1に，現金の収支にくらべて，資産の総合的会計的な会計管理は，不十分であるとの指摘は，ストック会計方式の導入となっていない。

第2に，予算にくらべて，決算が軽視され，住民に対する会計責任がはたされていないという指摘も，今日でも未解決である。要するに財政情報公開もふくめた，アカウンタビリティは，今日においても不十分であり，行政サービスの事業収支が，一般的に公表されるシステムになっていない。

第3に，会計帳簿の数値が，財政活動の分析・評価に活用する経理体制になっていないという指摘も，今日でも未解決である。要するに財務管理機能しかなく，コスト分析，行政評価基準，費用効果分析などへと，連動するシステムになっていない。

第4に，監査機能が十分に機能しておらず，形骸化していると指摘されていたが，この点については，外部監査の導入で，ある程度の目的は達成された。しかし，このような改革を実現したのは，答申の効果ではなく，近年の市民オンブズマンなどの活躍であった。

今日でも地方財務会計は，部分的手直しで，依然として官庁会計システムを堅持しているが，地方財政の環境変化から，官庁会計の企業会計への転換が迫られている。具体的に**第2表**にみられるように，官庁会計と企業会計との相違をふまえて，官庁会計の欠陥をどう治癒し淘汰し，自治体財務の公会

計化を図っていくかである。

　第1に，現在の地方財務会計方式の欠点は，「単式簿記方式」で家計簿とおなじレベルの会計処理である。しかし，自治体の財政規模は，東京都のように数兆円という巨大事業体であり，小さな町村でも数十億円はある。

　このような事業団体が，大福帳のような原始的帳簿で処理していれば，行財政支出のムダが潜在化し，顕在化しないシステムとなる。それのみでなく会計システム改革の遅れが，事務事業選択の最適化を阻む要因となっている。

　第2に，地方財務会計は，「現金主義」を会計処理の基本としているが，財政運営の安定化のためには，企業会計と同様の発生主義が不可欠である。官庁会計は，出納閉鎖期間内に決済をすまし，それでも処理できない債務は，繰越明許とか債務負担行為などの会計措置で対応しているが，退職金手当，減価償却費などカバーできない債務がある。

　現金主義は，行政コスト分析すら不十分であり，このようなシステムが年度内支出主義から，コストに無関係に支出する官庁会計の風土をつくりだし，自治体におけるコスト意識の成長を阻害している。

　第3に，地方財務会計における記帳形態をみると，「予算決算書」主義であるが，要するにフローの会計処理であり，貸借対照表などストック会計の処理はなされていない。

　このような予算方式は，「投入・財源主義」である。要するに政府補助があるとか，地方税収入が伸びているとか，財源があれば支出する方式である。したがって行政コスト分析・費用効果分析など，財政支出の有効性・効果性を追求するシステムになっていない。

　企業会計の原価・収益主義であれば，コスト・効果は必然的に算出されるシステムになっているが，官庁会計は独自の会計風土を醸成していき，実質的浪費が発生しても，形式的合法的処理ができれば，支出内容は問わないのである。

　第4に，自治体財務においては，将来の債権・債務が必ずしも正確に計上されていない。どうしても企業会計にもとづく貸借対照表を作成し，総合

第2表　官庁会計と企業会計との相違

| 区　分 | 官庁会計 | 企業会計 | 官庁会計の欠点 |
|---|---|---|---|
| 記帳形式 | 単式簿記 | 複式簿記 | 形式的収支方式財政状況の一覧性欠落 |
| 記帳形態 | 予算書・決算書 | 貸借対照表・損益計算書 | 退職金手当など未計上・減価償却未計上 |
| 会計処理 | 現金・フロー主義 | 発生主義・ストック | コスト分析の欠落・資産増減不明確 |
| 測定基準 | 投入主義・支出主義 | 原価主義・収益主義 | 行財政効果より予算消化優先 |
| 会計方式 | 個別分離・特別会計方式 | 個別分離・連結決算方式 | 連結決算の欠如・会計間独立性欠落 |
| 会計情報 | 官庁内部での情報処理 | 一般市民への外部公開 | アカウンタビリティ不足・情報公開不十分 |

的・一覧的に債権・債務の状況を把握し,財政運営の処方箋としなければならない。

　要するに地方財務会計は,地方債残高,債務負担行為,行政財産,出資金など,個別財政指標にもとづく診断であり,財政運営に活用するには単純すぎる指標であり,行政当局による恣意的判断で,状況が歪められる危険性するある。

　財産評価基準の問題もふくめて,適正処理のシステムを地方財務会計に注入していかなければならない。地方財務会計の限界であるが,地方財務には企業会計システムでも,処理不可能な債権・債務があり,公会計として独自の地方財務システムの改善が迫られている。

　第5に,地方財務会計においては「アカウンタビリティ」の姿勢が,欠落している。要するに自治体が,市民から地方税を預託され,最大限の行政サービスをなす,公共信託を請け負っているとい意識が希薄である。

　自治体が,その財政運営の実態を市民に通知し,市民ニーズの反応をまって,事務事業を選別し施行していくという,フイードバックシステムが,稼

働していないのである。

　自治体は，官庁会計システムを克服し，企業会計システムを導入することで，市民ニーズの充足をめざす，事業体としての変貌を求められているのである。しかし，企業会計化だけで，このような地方財政のコペルニクス的転換が，成就するはずがないのである。

　問題は，民間企業会計方式導入の技術的な問題ではない。神戸市などが20年も以前に，貸借対照表，連結決算，スットク会計などを作成している。しかし神戸市において，十分に活用されなかったのは，企業会計諸表の作成だけでなく，公会計化にもとづく財政運営という実効性のある経営システムを実務的に採用しなかったからである。[1]

　企業会計システムが，地方財政診断指標として機能していない技術問題もあるが，地方財政の運営は公会計の経営的警告・危機指標を無視して，サービス散布，投資拡大をもたらす慣習が支配力をもっているのである。

　たとえば財政運営の実態は，公会計より簡単な地方財政指標すら，十分に活用されていないのである。まして公会計化にもとづく，貸借対照表・損益計算書・連結決算書などが，地方財政運営において，主導性を発揮することは，あくまで希望的観測にすぎないのである。

　要するに公会計化には，自治体の会計への信奉性をどう培養していくかが，先決問題なのである。自治体会計の企業会計化には，自治体は営利団体でないので，企業会計方式の導入には，根強い拒否反応がある。この点について，自治体関係者の企業会計へのアレルギーを，払拭していく必要がある。

(1)　地方財務会計における企業会計化の試みは，昭和50年代，神戸市において，損益計算書，貸借対照表・連結決算が作成されている。財団法人神戸都市問題研究所『都市経営のシステム』(昭和53年1月，政府系シンクタンク・総合研究開発機構研究助成報告書)，高寄昇三「地方財務会計制度の改革」『都市政策』(昭和53年1月)，地方財務会計制度研究会「地方財務会計制度の改革」『都市政策』昭和54年1月)，溝橋戦夫「連結決算への試み」・高寄昇三「情報公開と外部監査制度の必要性」(『会計ジャーナル』昭和53年10月)などを参考にされたい。このような自治体の企

業会計化の成果は,財源調整基金などの強化であったが,事務事業評価,ことに公共投資の行政評価による過剰投資への牽制機能は発揮できなかった。

## 3 地方財務公会計化の必要性

このように地方財務会計の企業会計化は,慎重に実施されなければならないが,地方財務会計は,企業会計からみて多くの欠点をもっており,その改革は急がれるのである。

第1に,ストック会計がない。第2に,発生主義である。第3に,連結決算システムがないなどであるが,自治体財政の運用は,その巨額な財政規模・財政運営の複雑さ・事業経営の企業化という状況に比較して,あまりにも幼稚な水準にある。

自治体予算は,目的別・性質別でもない,奇妙な会計処理がなされており,事業別行政サービスのコストも不明という,管理会計である。要するに共通費(人件費・公債費など)の集約的費目化と,直接的事業費(建設費・物件費)の個別費目化が,交錯して予算化されている,摩訶不思議な管理会計となっている。

では地方財務会計の企業会計化をどうすすめるかである。第1に,驚くべきことであるが,自治体の支出は,「財源支出主義」であり,費用投入の極大化が,常に最大限の公共性を充足するとの虚構の前提条件に立脚している。このような投入効果・効率性を無視した,財政運営は淘汰されなければならない。

自治体財政支出において,行政コスト分析をつうじて,「最小の行政コストで最大の行政効果」という,経営・効率・効果性の原則の追求は,企業会計と同様である。その経費支出におけるメルクマークが,収益性か公共性かの相違だけである。

自治体は,企業会計と公会計との相違を認識しながら,なおかつ企業会計システムの財政運営における有効性を活用する基本的姿勢をくずさないこと

である。

　そのため企業会計方式にもとづく，行政コスト分析からスタートして，マクロの財政運営における貸借対照表，損益計算書，連結決算へと連動させていく会計システムを構築することである。

　自治体という，会計化のインセンティブがきわめてよわい環境のもとでは，公会計化は，会計サイドの技術偏重型でなく，思想改革・実践戦略・成果志向といった，自治体改革優先という導入戦略を選択すべきである。

　第2に，自治体は，「公会計思想の浸透」を図っていかなければならない。公会計が，自治体の科学化・民主化のために，有効なシステムであることを，自治体関係者に周知させていき，首長・議員・職員・市民のコンセンサスを，固めていくことが先決である。

　自治体が，公会計化への信奉性をふかめ，公会計への労力投入を惜しまない刺激的効果を，公会計適用によって実証していけば，自治体への公会計への疑心も解消していくであろう。

　自治体における公会計化の戦略として，ラスパイレス指数に匹敵するような成果を築くことが，公会計化の将来を左右する。要するに自治体への，公会計システムの導入が，自治体改革に実効性のあるシステムとして，活用できるかが課題なのである。

　自治体は，どのように貸借対照表を作成するかという，技術問題より，それを如何に活用するかに，行政の知恵を働かすべきである。自治体財政のストック状況は，地方債残高の増加，財政基金の減少などで，年々，悪化しつつあることは，公会計化でより鮮明となる。

　自治体がこの会計結果にもとづいて，具体的資産会計の改善をめざす，地方債抑制，不良行政資産処分，行政特定目的基金積立などが実施できるかである。

　第3に，自治体は行政コスト分析にもとづく「事務事業の選別」の実績を積み重ねていかなければならない。低成長の今日，地方財政悪化によって，事業選択・サービス供給の効率化のみでなく，事務事業の選別化・システム

変革が，従来よりも強くもとめられる。

地方財政再建は，減量化では追いつかないが，官庁会計では，正確なコスト分析すらできないし，給与体系では年功序列賃金が支配し，サービス供給システムでは直営主義への執着が目立つ。公会計化によって，行政コスト分析を行ない，既存システムの矛盾・ムダを摘出し，変革へのインセンティブとすることが，緊急の課題なのである。

現在，自治体の財政再建は，減債基金の取り崩しなど，粉飾決算まがいの方法がとられているが，将来に大きな禍根をのこす手法である。資産状況を，より一般的総合的に表示する，ストック会計の導入が急がれるのである。

今日の地方財政再建は，人件費・物件費削減の減量経営では不可能であり，行政コスト分析にもとづく，公共投資・行政サービスの選別化を図っていく，政策・施策型会計システムへの転換が焦眉の課題である。

また長期財政再建計画も，官庁会計では行政サイドの恣意的操作とか，会計数値の粉飾がみられるので，企業会計なみの貸借対照表・損益計算書・連結決算書にもとづく，行財政改革でなければ成功しないであろう。

第4に，地方財政運用における「自治体経営分析の正確性」の確保である。地方財政環境が厳しくなり複雑化してくると，ますます財政収支分析が迫られる。たとえば自治体財政は，財源不足に喘いでいるが，フローベースの財源不足推計では，実際の財政収支と大きな誤差が発生しかねない。

たしかに自治体は，官庁会計方式にもとづく財政診断指標を利用してきたが，ストック収支が欠落した杜撰な予測である。人件費の退職引当金，施設の減価償却，財源対策債の利子負担，行政不良資産の地価下落などに官庁会計は対応できない。

要するにこのような財政負担というマイナス要素を，会計的に処理できないのは，官庁会計の致命的欠陥である。

さらに現在の自治体行財政は，複合事業体（コングロマリット）であり，従来の官庁会計ではカバーしきれない。自治体行財政は，**第1図**にみられるように，複数の事業に分割されており，しかも土地取得・融資・出資金・貸付

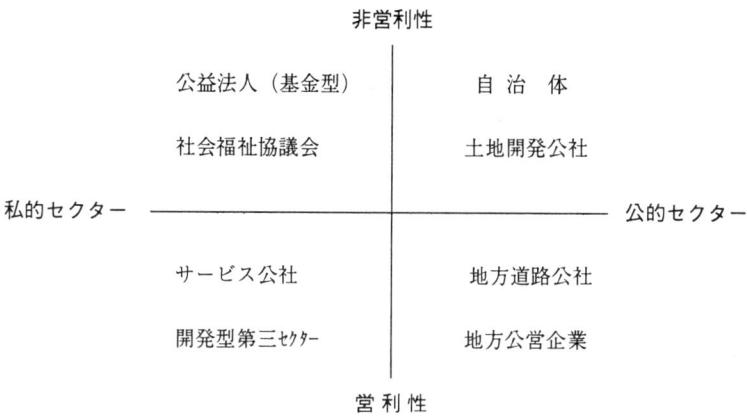

第1図　自治体会計の複合化

金・基金などの,ストック会計の比重も高まりつつあり,官庁会計の限界が,一段と深まりつつあるといえる。

## 4　地方財政指標診断との関係

　自治体が地方財務会計の企業会計化に,いま一つ本気になれないのは,地方財政指標でもかなりの財政診断指標が作成でき,一般的な財政運営の処方箋がえがけるからである。
　しかし,地方財務会計にもとづく財政指標は,不完全な指標であることを認識し,第2次的には企業会計指標が必要である。
　第1に,「地方財政指標方式の限界」であり,「企業会計指標方式への転換」である。地方財政運用における財政運用指標は,周知のように経常収支比率,公債比率,人件費比率などの財政指標である。地方財政の危機的症状は,地方財政統計指標でかなり把握することができる。
　しかし,致命的欠点は,公共投資・サービスにおいて,費用効果分析をするにしても,行政コストの算出が不正確であり,正確なコスト計算も将来予

測も算出できないのである。まして事務事業の選別基準の設定もできないのである。

　第2に，官庁会計の「現金主義・フロー主義の克服」である。現金主義の欠点は，債務負担行為などで補正することができる。しかし，各施設の減価償却費の未計上，行政不良資産の時価と取得価格との損益など，将来債務の未計上など，官庁会計方式の限界は否定できない。

　一般会計ベースの財政診断は，どうしてもフローがベースとなるが，ストック会計も併用して，診断しなければならない。一般会計の財政指標は，自治体財政の実態を反映していない。

　人件費は，ラスパイレス指数の水準とか，人件費比率などが人件費のバロメータとして活用されているが，職員の年令構成からみて，各自治体ともちかい将来に大量の退職者に対する退職金支給が見込まれる。公共投資と同様に人件費でもストック処理が，人事給与システムの適正化には必要である。

　第3に，公会計における「ストック会計の充実」である。地方財務会計でも，基金・地方債残高などのストック指標があり利用されている。具体的に，地方財政は積立金の減少，地方債残高の増加という悪化の傾向にある。債務に等しい繰出金・債務負担行為は，横這いであるが，一般会計の財政硬直化はすすでいることはわかる。要するにコレストロールが多く，動脈効果がすすんでいる。

　このような資産会計の悪化を判断するにしても，財政指標の分析は，官庁会計は個別指標の列挙で，当該自治体財政の総合的診断ではないことである。たとえば地方債残高が大きくとも，財政調整基金が大きければ問題がない。すなわち貸借対照表のように総合的診断ではなく，個別指標による財政診断である。

　したがって会計操作が可能で，財政調整基金をくずし，行政サービスを拡大するとか，普通財産の土地を売却し，人件費に充当するとかの措置をなしても，フロー中心の官庁会計ではわからないのである。

　自治体財政のストック状況は複雑になっている。地方債でも，建設債でな

く財源対策債などの,実質的な赤字再建債が多くなりつつあり,資産債務ベースの分析でも,建設債と財源対策債は区分すべきであるが,官庁会計ではこのような多様化する債権・債務に対応できないのである。

第4に,「連結決算の欠落」である。地方財政は,土地開発公社,第三セクターなどの赤字額・債務額の重荷で,体力の低下がいちじるしい。しかもこれら赤字・債務が,自治体財政で隠された数値として操作されているので,赤字額は一気に吹き出すことになる。

要するに体力の低下のみでなく,内蔵疾患がすすみ,肝臓・腎臓・膵臓などがいつ悪化して,いつ体調不良で転倒しても不思議でない状況にある。

連結決算が導入されていないので,全体として財政状況が把握できない。たとえば繰出金も,地方公営企業の赤字補填としての経常的支出は,地方財政指標でもわかるが,外郭団体関係は不明である。すなわち外郭団体への債務の移転であり,たとえば一般会計が,土地開発公社購入の土地を買い取らない,脱法的操作が公然と行われている。

さらに総合的にストック会計の状況を比較しようとしても,各自治体の計算方式がまちまちであれば,比較はできない。したがって企業会計という既存のシステムを利用する必要がある。要するに地方財政指標でも,一般会計ベースのストック状況はわかるが,数兆円といわれる行政不良資産は外郭団体分は埋没してわからない。

第5に,「資産評価の問題」で,地方財務会計では資産評価自体を必ずしも実施していないのである。自治体資産のなかには行政不良資産がふくまれているので,時価で再評価する必要がある。さらに政府公団などの出資金は,実質的には利子補給であり,半永久的に返済の見込みも,配当の可能性もないので,不良債権として減価償却しておくべきである。

地方財務会計では,資産・債務の評価方式には無関心であるが,各会計がさまざまの評価方式を採用していれば,財政診断も意味をなさない。企業会計でも重大な課題である,評価基準の問題を,公会計化を契機として処理する時期を迎えているのである。

官庁会計は，資産評価の概念が欠落しており，自治体によっては財産表の土地は面積で掲載され，価格ではない。したがって行政不良資産の存在しないことになるのである。

　現在の地方財政は，資産会計化が深化し，連結決算化が不可欠となりつつある。第2図にみられるように，各会計が複雑に交錯しており，企業会計的メスが注入されなければ，実態解明は不可能な域に達している。

　このような会計システムのままで，自治体が安易な財政運営を惰性的にすすめていけば，破綻の危険水域からの脱出はできない。自治体財政は，危機脱出をめざして，財政再建計画が策定されているが，企業会計で今一度，財政状況を診断分析する必要がある。

　さらに地方財政指標・企業会計分析などにもとづく分析方式を導入し，当該自治体の財政症状を格付するのも有効な診断である。

　公会計は正確な財務係数分析が，基本的な使命であるが，それをどう市民に理解してもらうかは，公会計ではとくに重要な機能である。

　このような理解をたすけ，市民のインセンティブを刺激するには，財政状況をベンチャー方式の指標で提示するか，地方財務指標では，第3図のよう

第2図　自治体財政の財政診断分析要素

| 資産債務ベース | ［一般会計］ | 連結決算ベース |
|---|---|---|
| 起債残高 | 起　債 | ヤミ起債 |
| 退職金手当 | 人件費 | 派遣職員 |
| 資産再評価 | 資産資金 | 貸付金 |
| 経常的支援 | 繰出金 | 経営損失補填 |
| 民間支援 | 債務保証 | 銀行借入金 |
| 債務負担 | 赤字額 | 累積債務 |

第3図　財政状況診断

```
                    ストック
    ABBA=6点         │    AAAA=8点
    公債費比率15%以下  │    公債費比率15%以下
    人件費比率35%以上  │    人件費比率35%以下
    経常収支比率80%以上│    経常収支比率80%以下
    資産額一般財源2倍以上│  資産額一般財源2倍以上
フロー ──────────────┼────────────── フロー
    公債費比率15%以上  │    公債費比率15%以上
    人件費比率35%以下  │    人件費比率35%以下
    基金一般財源5%以下 │    経常収支比率80%以下
    資産額一般財源2倍以下│  資産額一般財源2倍以下
    BBBB=4点         │    BAAB=6点
                    ストック
```

に図表で類型化できるが,企業会計化サイドからの一般的財政診断指標の作成は,公会計の使命に忠実な対応である。したがって専門的で難解な公会計における会計諸表を作成し,説明もなく公表して企業会計化が完了したと考えるのは,「ムダの制度化」の謗りを免れないであろう。

## II　行政コスト分析と行政評価

## 1 行政コスト分析の適用

　自治体が,いきなり貸借対照表・損益計算書などの会計諸表を作成しても,あまり実効性があがらない。まず自治体は,行政コストの分析を試み,企業会計の認識をふかめ,財政運営における効率性への意欲をもつことが先決条件である。

　自治体の行財政活動は,基本的には非収益活動であるが,行政コスト分析や行政評価システムが不必要とはいえない。非収益活動でも経済性(economy),効率性(efficiency),効果性(effectiveness)という,3Eの原則の追求の責務はある。

　地方財務会計の企業会計化は,マクロ財政運営のためであるが,同時にミクロ個別事業における効率的処理,事務事業の選別という財政運営においても不可欠の手段である。

　要するに小学校教育,保育所サービス,市街地整備事業のすべてにおいて,行政コスト・費用効果分析にもとづいて,事務事業の見直しのチェックが加えられるのがのぞましい。

　第4図にみられるように,会計諸表は,行政コスト算出の成果物であり,行政コスト分析をベースに費用効果分析,ベンチ・マーク方式導入,行政評価システム適用などに発展し,一方で貸借対照表・損益計算書などの会計諸表作成で,財政運営の適正化の指針としていくのである。

第4図　行政コスト分析と公会計システム

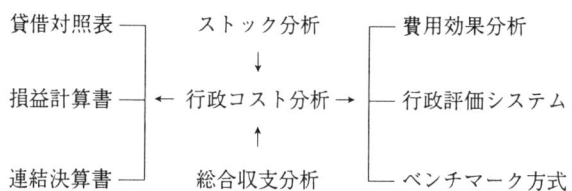

行政コスト分析は，公共投資・行政サービスの効率的施行・給付をめざす目的以外に，当該自治体における事務事業選別の判断基準の提供という役割があり，さらに当該自治体の行財政運営の適正化という目的がある。
　また行政コスト分析をみても，当然，類似団体の比較，官民比較への適用へのひろがりをもつ。たとえば保育所行政において，限られた財源で，より多くの保育所サービスとなると，保育所費の減量化で対応できず，保育所サービスの給付システムを選択しなければならない。
　要するに待機保育児対策として，保育所行政における最大の課題は，公立保育から民間保育への転換であるが，そのため官民保育所経費の比較として，**第3表**のような分析にもとづく施策を決定することになる。
　このような官民コスト比較をする場合，コスト算定方式が同様の企業会計方式で算出されていなければ，官庁会計と公益法人会計とで，比較しても数値の信頼性がなく，無用の混乱をきたしかねない。

第3表　コスト指標方式と待機保育児対策

| 公立保育所コスト | 官民コスト比較 | 類似団体比較 |
| --- | --- | --- |
| 建設費分析 | 単位当り水準 | 待機保育児比率 |
| 人件費分析 | サービス内容 | 公立保育所比率 |
| 物件費分析 | コスト分析 | 単位当りコスト |
| 保育料分析 | 運営システム | 財政支出比率 |

　また官庁・公益法人会計でも，後にみるように行政コスト算出は，不正確であり，本来は官民保育所が，ともに企業会計方式の貸借対照表，損益計算書を作成していれば，正確に算出できるのである。
　第1に，損益計算書では，**第4表**にみられるように，まず人件費では，官民ともに退職金・年金負担金を算入した，企業会計方式で処理されているので，官民格差が明確となる。また用地建築費では官庁会計にはない，利子負

担・減価償却費が算入されている。

第2に,歳出では,営業外収入としての一般会計からの補助金が明確となる。民間保育所は,措置費だけで処理されるが,公立保育所の場合は,措置費を上回って市町村税の支援されるので,官民格差は明確となる。

第3に,貸借対照表では,**第5表**のように公立保育所も土地・建築物の資産,負債では地方債残高が計上される。そして資産・負債の差額は,正味資産として,公立保育所では,地方税・補助金などの住民負担であり,民間保育所では寄付金・自己資産などの特定負担であることが明確となる。

このように官民格差のコスト分析は,おなじ企業会計方式で実施すれば,余分の説明をすることなく,一目瞭然の結果を得ることができる。

第4表　損益計算書

| | |
|---|---|
| 物件費（補助関連） | 営業外収入（運営措置費） |
| 営業費用（人件費） | 営業収入（保育料） |
| 用地建築費（利子負担） | 経営補助金（公立のみ） |
| 減価償却費 | |

第5表　貸借対照表

| 借　方 | 貸　方 |
|---|---|
| 資産評価額 | 負　債 |
| （土地） | （事業債残高） |
| （建物） | （借　入　金） |
| （設備） | 正 味 資 産 |
| 運 営 基 金 | （資産－負債） |

## 2 官庁会計方式のコスト算出

　行政コスト分析といっても，自治体の多くは官庁会計的分析である。自治体が行政コスト算定を実施し，住民に対して公表するのは，使用料などの関係でコンセンサスを得る必要がある場合か，行政内部で事務事業の減量をする場合かである。

　このような官庁的ニーズからの行政コスト算定は，神戸市保育行政の住民向けのパンフレットでは，**第6～8表**のようになっている。およその負担区分はわかるが，市民に対するアカウンタビリティ，公会計方式にもとづく費用算出としては不正確との批判は免れない。

第6表　保育所運営費の負担内訳（平成14年度予算）

| 保育所運営費総額　202億9,730万円 |||||
|---|---|---|---|
| 国基準による保育料54億1,869万円(100%) || 国の負担 | 市の負担 |
| 保護者負担(保育料)<br>37億8,171万円<br>(69.8%) | 市の負担(軽減額)<br>16億3,698万円<br>(32%) | 41億2,714万円 | 107億5,147万円 |

第7表　運営費総額に占める割合

| 保護者負担<br>37億8,171万円(18.6%) | 国負担<br>41億2,714万円(20.4%) | 市の負担<br>123億8,845万円(61.0%) |
|---|---|---|

第8表　児童一人当りの運営費（1か月分）

| 年令 | 0歳児 | 1・2歳児 | 3歳児 | 4・5歳児 | 平均 |
|---|---|---|---|---|---|
| 運営費 | 約25万円 | 約15万円 | 約7万円 | 約6万円 | 約10万円 |

100人規模の保育所サービスの行政コスト算出を，民間保育所との対比を考えて，一人当りコストを，簡単な方法でしかも正確に算出するには，**第9表**のような計算が考えられる。

　第1に，人件費では直接的人件費は算入されているが，共済組合負担金（平成12年度決算・職員給与費の17.7%）は，間接的人件費であり，保育所会計が所管していない。また退職金引当金（平成12年度決算・職員給与費の10.7%）などは，官庁会計は現金主義で不算入なので，約3割を加算する必要がある。

　たとえば人件費は，保育士一人当り5人の保育児を面倒みると，公立保育士800万円で一人当り保育児160万円となるが，公立保育所の人件費は，年金・退職金などが不算入なので，約3割程度の補正をしなければならない。

　第2に，管理運営費である物件費は，算定において大きな問題点はないが，施設費については，発生主義・ストック会計などから官庁会計は問題が多い。公立保育費には用地費・建築費の減価償却費が不算入である。

　「用地費」は，定員100人の保育所用地費が5億円とすると，コストとしては，この用地費は資産であるので，保育所がかりに廃止されれば，売却するなり，他の行政用地として転用することになる。

　したがって保育所用地のコストとしては，当該用地費を預金しておれば，得べかりし金利収入を喪失したという，逸失利益であり，用地費×利率（2%）となる。

　つぎに「建築費」は，2億円とし，耐用年数30年とすると，1年の減価償却費666万円となる。この減価償却費は，償還年数が同一とすると，建設地方債の元利償還の元本分となる。

　建設地方債の金利分は，中間の15年目が平均金利となるので，地方債1億円（金利2%,30年償還債）として，元本1億円の2%の30年分となる。

　保育児一人当りコストは，用地費10.0万円，減価償却6.7万円，利子負担2.0万円，人件費費160.0万円×1.3（退職金・共済負担金）＝208.0万円，物件費12.0万円となり，合計238.7千円となる。1ヵ月経費は19.9万円となる。仮定の計算なので，実際の行政コストではないが，官庁会計コストは用地

第9表　保育児一人当りの経費算出方式

| 区分 | 算出方式 | 一人当り保育児コスト |
|---|---|---|
| 用地費 | 近傍固定資産税評価額×3=時価評価額 | 時価評価額（5億円）×2%=10,000千円，一人当り100千円 |
| 建築費 | 実際建設費（耐用年数30年） | 減価償却費（2億円）÷30年=6,667千円，一人当り6.7千円 |
| 利子 | 建設地方債（2億円） | 地方債（2億円）÷2×2%=2,000千円，一人当り20千円 |
| 人件費 | 平均人件費（800万円×1.3） | 職員一人で5保育児担当するとして,1,040万円÷5=208万円 |
| 物件費 | 人件費の2割 | 物件費＝一人当り120千円 |

費・減価償却費・退職金・共済負担金などが不算入で，企業会計コストでは約3割程度の誤差が発生している。

## 3　行政コスト計算書の作成

　地方財務会計への企業会計導入は，行政コスト計算書作成によって，各事務事業収支を明確にし，事務事業選別における，経費選別基準の設定に寄与することができる。官庁会計方式では，事務事業コストは直接的ランニング費用だけであり，施策選別基準としては，きわめて杜撰で不正確な数値しか算出できなかった。

　地方財務会計の企業会計化で，この欠点は治癒された。各自治体では，個別行政コスト計算書を作成し，その合計としての全体の行政コスト計算書を編成している。しかし，全体の行政コスト計算書は，実務的には利用価値は小さく,個別事務事業の行政コスト計算書が，各自治体でも活用されている。

　新潟県柏崎市の行政コスト計算書は，**第10表**にみられるように算出されている。一般会計において，行政費目別に公会計処理をしていれば，比較的容易に算出することができる。

　このような企業会計方式にもとづく行政コスト算出は，減価償却費，公債利子費も算入され，官庁会計方式の行政コストより正確である。しかし，行政費目別であるので，行政サービスとの対応が希薄であり，市民は当然，自治体職員も行政コストとしての実感が湧いてこないのである。

なお第10表は，簡略化して，行政費目別の歳入・歳出内訳を除外したが，このような計算で，受益者負担率（使用料等），一般財源負担率などがはっきりとなる。しかし，市民へのインパクトは弱いので，柏崎市の行政コスト分析は，主要施設について行政コストを第11表のように算出している。

　行政コスト分析で，財政運営上，なんらかの参考・判断数値を得ようとすると，サービス・施設別なコスト算出をこころみなければならない。このような点が，公会計化といっても，マクロの指標作成だけでは，実際的効果はひくいのである。

　しかし，個別コスト分析を実施するにしても，公会計化を導入していなければ，正確なコスト分析はできないのである。すなわちミクロの会計諸表と，

第10表　柏崎市行政コスト計算書　　（単位 千円）

| 支出項目 | 金額 | 比率 | 収入項目 | 金額 | 比率 |
|---|---:|---:|---|---:|---:|
| 1 人にかかるコスト | 6,471,186 | 23.4 | 使用料・手数料 | 593,276 | 2.1 |
| (1)人件費 | 5,901,806 | 21.4 | 分担金・負担金 | 181,688 | 0.6 |
| (2)退職給与引当金 | 569,380 | 2.1 | 財産収入 | 25,399 | 0.1 |
| 2 物にかかるコスト | 8,880,546 | 32.2 | 繰入金 | 215,032 | 0.7 |
| (1)物件費 | 3,555,417 | 12.9 | 諸収入 | 171,971 | 0.6 |
| (2)維持補修費 | 1,058,468 | 3.6 | 小　計 b | 1,187,366 | 4.1 |
| (3)減価償却費 | 4,266,661 | 15.5 | 国庫支出金 | 1,287,714 | 4.5 |
| 3 移転支出的なコスト | 10,836,881 | 39.3 | 県支出金 | 913,712 | 3.2 |
| (1)扶助費 | 1,953,155 | 7.1 | 小　計 c | 2,201,426 | 7.7 |
| (2)補助費等 | 3,711,955 | 13.4 | | | |
| (3)繰出金 | 3,614,447 | 13.1 | 一般財源 | 23,106,161 | 80.5 |
| (4)普通建設事業費<br>（補助金） | 1,557,324 | 5.6 | 一般財源振替額 | 2,193,725 | 7.7 |
| 4 その他のコスト | 1,416,855 | 5.1 | (参考) | | |
| (1) 災害復旧事業費 | 56,236 | 0.2 | 純行政コスト | 24,216,67 | |
| (2) 失業対策事業費 | — | — | (a-b-c)/d | | |
| (3) 公債費(利子) | 1,330,016 | 4.8 | | | |
| (4) 債務負担行為<br>　　繰入 | — | — | | | |
| (5) 不納欠損額 | 30,603 | 0.1 | | | |
| 行政コスト a | 27,605,468 | 100 | 収入合計 | 28,688,678 | 100 |

出典　井出信夫・池谷忍『自治体財政を分析・再建する』269頁

第11表　柏崎市主要施設の行政コスト　　　　　（単位 千円 %）

| 施　設　名 | ランニングコスト a | 市債利子 b | 減価償却費 c | 利用者負担額 d | 利用者負担率 d/a+b+c | 年間利用者数 | 利用者一人当り市税負担額 |
|---|---|---|---|---|---|---|---|
| 市　民　会　館 | 67,776 | 0 | 6,388 | 19,193 | 25.9 | 114,852 | 479 |
| 健康管理センター | 39,496 | 0 | 19,184 | 13,207 | 22.5 | 67,422 | 451 |
| 自然休養村管理センター | 100,546 | 0 | 5,734 | 99,958 | 94.1 | 10,977 | 575 |
| 農林漁業資料館 | 15,961 | 0 | 3,860 | 11,504 | 58.0 | 24,854 | 335 |
| 産業文化会館 | 81,510 | 295 | 38,412 | 39,413 | 32.8 | 155,666 | 519 |
| 海洋センター | 167,365 | 0 | 45,294 | 167,239 | 78.6 | 67,091 | 677 |
| コレクション展示館 | 16,143 | 8,232 | 37,662 | 15,482 | 25.0 | 25,086 | 1,856 |
| 駐　車　場 | 12,906 | 16,601 | 30,358 | 11,679 | 19.5 | 61,017 | 790 |
| スポーツハウス | 21,470 | 0 | 0 | 6,534 | 30.4 | 53,083 | 281 |

出典　井出信夫・池谷忍『自治体財政を分析・再建する』273頁から作成。

ミクロの費用分析が必要となるが，ミクロ分析をどう作成し，活用していくかである。

　第11表は施設の運営状況・利用者負担の実態から，経営改善を診断していく数値作成であるが，原表から利用者負担の高い施設のみを対象とした。

　第1に，維持運営費は，ランニングコスト・市債利子・減価償却費の合計であるが，従来はランニングコストのみで作成されたが，利子負担と減価償却費が加わったので，より正確となった。利子負担は市債が償還済となると，金額は計上されない。減価償却費も同様で，減価償却済の施設は，減価償却がゼロとなる。

　第2に，施設別の利用者負担率は，貴重な数値である。使用料の決定は，自治体がいつも頭を悩ます課題であるが，結局は施設の公共性と負担率で決定する。図書館・博物館の利用者負担率が，それぞれ1.3％であり，総合体育館が14.6％であり，余暇施設が20％台というのは，妥当な水準である。

　第3に，利用者一人当りの市税負担額も重要な数値である。それは実質的

な行政コストは，利用者数がふえると減少していくので，行政コストのみで判断するのは誤りである。

このように企業会計方式で算出したデータにもとづいて，施設料金を決定する方法は，従来のランニングコストのみで対応するよりはるかに，科学的政策的な対応である。

このように行政コスト分析も，さまざまの方法があるが，数値の正確性とともに，どう利用していくかであるが，後にみるように事務事業評価における，選別基準の適正化・有効化をすすめていかなければならない。

たとえばごみ収集で，民間はトン当り1.5万円，公営はトン当り3.0万円であれば，公営方式の割高は否定できない事実である。要するに行政コスト分析をベースにして，行政評価システムを利用して，さまざまの分析ができ，自治体の行財政課題の経済・効率・有効性を検証し，事務事業選択における最適化，事務事業執行における適正化を追求していくことができる。

東京都でも，全体行政コスト計算書を作成し，その積算基礎となった各主要施設の行政コスト計算書を，**第12表**にみられるように，施設運営改善の選別基準データとして利用している。施設ごとの行政コスト計算書からは，多くの企業会計算出方式のすぐれた点をみいだすことができる。

第1に，学校・病院にかぎらず，地方公営企業のほとんどが，地方税によって補填され，収支均衡化が図られている。そして赤字であっても，地方税補填でその赤字額は縮小されている。しかし，本来の事業収支は，まず地方税補填を除外して，算出すべきものである。**第12表**の収支計算は，地方税補填額を除外して赤字額を算出している。

第2に，一般的には除外される金利負担額が算入されている。金利負担額は，運営費に匹敵する金額であり，官庁会計では無視されているが，事業収支の実態を大きく損うものといえる。

第3に，経営赤字額は，いずれの施設も巨額である。この点について，東京都の『機能するバランスシート』（平成14年1月）は，「有形無形の歴史文化資産を保存し，後世に伝えるという公共的使命を果たすべく建設運営され

第12表　平成11年度行政コスト計算書（税金投入がなく金利負担を加味した場合）
(単位 百万円)

| 区　分 | 国際フォーラム | 江戸東京博物館 | 写真美術館 | 庭園美術館 |
|---|---|---|---|---|
| 収　入 | 5,489 | 573 | 87 | 133 |
| 　一般財源（税金投入） | 0 | 0 | 0 | 0 |
| 　入　場　料　等 | 5,413 | 477 | 62 | 82 |
| 　そ　の　他　収　入 | 328 | 96 | 24 | 50 |
| 　財　源　振　替 | △252 | 0 | 0 | 0 |
| 支　出 | 8,993 | 6,025 | 1,154 | 491 |
| 　運　営　費 | 5,036 | 4,745 | 1,040 | 479 |
| 　減　価　償　却　費 | 3,933 | 1,254 | 107 | 11 |
| 　退職給与引当金繰入額 | 11 | 9 | 0 | 0 |
| 　そ　の　他 | 13 | 15 | 5 | 0 |
| 金　利　負　担 | 5,376 | 3,337 | 175 | 485 |
| 支出合計（再計） | 14,370 | 9,362 | 1,329 | 976 |
| 収　支　差　額 | △8,880 | △8,788 | △1,242 | △843 |

注　金利は，各事業の正味財産相当額に都債の11年度決算残高の平均利回り率3.43％を乗じて計算した。
資料　東京都『機能するバランスシート』156頁

てきたものであることを考えると，収支差額がマイナスになることは，むしろ当然であろう。問題は，収支差額の程度である」（同報告書156頁）と，赤字は「公共性の対価」として容認できるが，いくら大きくてもよいとはならない。

　すなわち赤字のなかには，「施設運営上の非効率も『公共性の対価』に含まれる」（同報告書157頁）が，淘汰されなければならないと，経営改善の必要性を主張しているが，問題は，「公共性の対価」と，「経費の非効率性」を区分することは大変重要な問題であるが，現状ではそれを会計的に測定，区分できないと説明されている。

　また経費の非効率性については，「他自治体等とのベンチ・マークにより判断するより外ないのである」（同報告書157頁）と，半ば諦めているが，この難問は，後にみるようにまず「公共性」については，擬似独立採算制に

もとづく，収支均衡などの運用原則を設定し適用していけば，解決不可能でない。

しかし，まず民間・公立の類似施設の調査から割り出し，施設運用基準として，たとえば国際フォーラムは，実質的独立採算制，江戸博物館・写真美術館・庭園美術館は，人件費・施設費を除外した1割独立採算制などを採用し，経営目標を明確化することである。このように行政コスト分析をベースにおいて，自治体の行財政における施策選別，公共投資・サービスの効率化が図っていかれるのである。

### 4　行政コストと行政効果

まず地方財務会計の企業会計化にもとづく，行政コスト算出は，実は行政評価における事務事業選別の第一歩にすぎない。行政活動評価とこれらの行政コストの関係は，**第13表**のようになる。一般的に行政活動の経済評価としては，経済性・効率性・有効性の3Eの原則が活用される。

第13表　行政評価の経済的指標化

$$\text{行政活動評価基準} = \frac{[経済性] 産出量}{費用} \times \frac{[効率性] 活動量}{費用} \times \frac{[有効性] 住民満足度}{費用}$$

一般的に行政コスト分析の多くは，この投入費用の経済性だけの分析であるが，さらに正確で有効な分析としては，効率・有効分析へと展開していくことになる。この3Eの原則は，行政評価では投入指標（インプット指標）であり，3つの投入・執行・成果指標の1つにすぎない。

一般的には投入は投入＝経済，活動＝効率，成果＝有効という関連にあり，行政効果と財政効果の2つの視点からの評価が必要である。評価時点では事前評価は投入評価，事務事業の実施中は執行評価，そして事務事業の事後評

価としては成果評価との関連がふかい。

　第1に，従来，自治体における投資基準は，財源主義であり，投入財源がすくなければ，選択基準とされた。たとえば文化施設建設において，100億円より90億円で建設できればよく，立地条件・利用率は度外視された。

　企業会計にもとづく行政コスト分析は，この投入コストの正確な算出にすぎないのである。そして安価な施設が，立地条件の悪さから，巨額の事業赤字を計上することは，自治体の事務事業では稀れな症状ではない。

　第2に，執行指標（アウトプット）は，効率性の数値である。たとえば投入指標ではAの施設とBの施設はおなじでも，利用者数がAの施設が2倍であれば，Bの施設より2倍の効率性があり，実質的建設コストは半分ということになる。

　行政コスト分析は，この執行指標における管理コストの算出において，減価償却とか人件費の退職金などを算入し，コスト計算の正確性を期したのである。要するにコスト以外の大きな経済的要素としては利用率がある。

　第3に，成果指標（アウトカム）は，有効性の数値である。たとえば1億円の交通安全施設設備で，100件の交通事故が減少するより，150件の事故件数が減少した方が，実効性があるといえる。

　ただ成果指標の場合，当該行政支出と行政成果との因果関係の証明が必要となる。たとえば交通事故減少という成果は，交通安全施設整備か交通規制か交通安全教育か自動車交通量の減少かの関連性を実証いかなければならない。当該行政支出がなされた場合となされなかった場合の比較であるが，その立証は容易でない場合がある。

　また文化施設では，利用者数だけでなく，利用者の満足度となるが，アンケート調査などで測定しなければならない。たとえば文化施設の入場料金は1,000円であるが，入場者の満足度は1,500円あったといすると，利用料収入は1.5倍に増額修正しなければならない。[1]

　さらに自治体の公共投資・行政サービスには，防災投資・景観保全・生活ケアなどさまざまの事務事業があり，その成果指標の算出は容易でない。[2]し

かし，今日では環境投資における環境改善効果の投資効果の算定で実施されており，費用を投入し，適切な手法を導入していけば，算出は不可能ではない。[3]

このように成果指標の段階では，行政コストは捨象され，住民満足度が対象となる。要するに自治体財政運営における，効率化の追求は行政コスト分析ですべてが処理されることはない。

しかし，行政コスト分析は，このような行政評価の基礎であり，多くの場合は，行政コスト分析で事務事業の選別基準は設定することはできる。

行政コスト分析は，あくまでコスト分析であり，事務事業の効果は測定できない。しかし，実際の行財政運用においては，投入費用でまず判断をして，ついで運営効率・効果で選別をすることになる。すなわち費用効果分析における効果が，行政コスト分析をさらに高次の行政評価システムの選別基準として適用する。

行財政活動の評価において，第1次的には「経済性」であり，第2次的には「効率性」であり，第3次的には「有効性」であるといえる。そして自治体の事務事業選別において，5・6割はこのような経済評価指標で選別は可能である。

しかし，自治体の事務事業は，一般的には公共性をもっており，インプットの費用のみでなく，アウトプット効果との関連で，費用効果分析をしなければ，適正な選別基準は設定できない。

ただ事務事業の費用効果は，公共経済において早くから発達した分析手法であり，インプットの費用の算出は，比較的容易にできる。アウト・プットの事業効果は多彩であり，効果が直接的経済効果のみでなく，間接的非経済効果もあり，効果の算出が困難である。

この費用算出は，企業会計方式では限界があり，公共経済学の手法を援用しなければ，算出できない。ただ事業の公共性を考慮して，事業効果を間接的・波及的・非経済効果と無限に拡大していけば，事業効果の測定が，価値感に左右される恐れが肥大化してくるので，その範囲をどこかで線引しなけ

ればならない。

　基本的には第14表にみられる効果のうち，直接的・間接的経済効果に限定すべきではないか。観光物産施設を事例にすると，次のようにいえるであろう。

第14表　公共投資効果の範囲

| 区　　分 | 観　光　事　業 | 鉄　道　事　業 | 防　災　事　業 |
|---|---|---|---|
| 直接的経済効果<br>間接的経済効果 | 物産品販売の増加<br>観光客消費の増加 | 地域経済活動の増大<br>交通利便性の向上 | 災害被害の減少<br>経済活動の継続 |
| 直接的非経済効果<br>間接的非経済効果 | 環境美化改善効果<br>地域イメージ効果 | 交通公害の減少<br>交通手段の快適性 | 生命健康の保持<br>安心感の増大 |

　第1に，直接的経済効果である。たとえば市町村の観光物産店の建設運用において，観光客増加による事業収入の増加があった。市町村観光施設としては，それでも事業収支は赤字であろう。

　第2に，間接的経済効果である。たとえば観光施設整備で観光客が伸びれば，物産品販売，宿泊施設利用による消費額の増加が見込まれる。一般的には市町村税の増収効果は約4％と推計されているので，1億円の観光客消費があれば，400万円の赤字は補填されるという，マクロでの経済効果を算定することができる。

　第3に，直接的非経済効果である。たとえば観光物産店の建設で観光客が増加すれば，環境保全とか都市美化などの効果があるが，経済価値の効果の算定が困難であり，貨幣的経済利益としてメリットは小さい。

　第4に，間接的非経済効果である。観光政策の成果は，地域イメージの向上となり，地域住民の精神的満足に寄与し，経済社会活動に無形の効果をもたらすである。しかし，経済効果としては把握は困難で，地域経済活動との連動性は小さい。

　要するに自治体の事務事業効果は，直接的・間接的経済効果に限定すべきであり，間接的非経済効果は，数値化が困難であるばかりでなく，事業収支

ではそこまで効果を算入することは,効果の過大評価をもたらす。

結論としては,直接的間接的経済効果以外は,一般的には算入すべきではない。間接的経済効果は,当該事業とその効果との因果関係が比較的はっきりしている。しかし,非経済効果は,多くの場合,因果関係の数値化も困難である。

費用効果分析において,公共投資・公共施設だけでなく,行政サービスもふくめた効果の分析・算出は,公経済の大きな課題である。たとえば教育・環境・人権などの施策的行政の効果などである。

(1) このような公共施設は,料金収入を低価格に設定しているので,正確な効果測定ができないので,消費者余剰の理論を適用して算定したのが,国立民族博物館の調査である(総合開発機構編『文化経済学事始め』(昭和58年,学陽書房)参照。
(2) 防災投資の効果分析については,高寄昇三「安全都市への処方箋」全国市長会『市政』平成8年9月,12〜17頁。
(3) 事務事業評価は,公共投資・公共施設のみでなく,イベント・教育・環境保全などのさまざまの事務事業が,すべてをコスト分析では不可能で,評点・アンケート方式などの活用が避けられない。このような行政評価の課題については,高寄昇三『自治体の行政評価システム』(平成11年,学陽書房),『自治体の行政評価導入の実際』(平成12年,学陽書房)を参照。

## 5　選別基準と公共性

地方財務会計の企業会計化によって,自治体の事務事業における効果基準の設定はできるが,これらの財政経済指標の算出によって,事務事業の選別をどうするかは,別個の政策課題である。

企業会計が実効性のあるシステムであるためには,行政評価システムなどが十分に発展しなければ,企業会計化の効果は半減するのである。

自治体における行政評価は,この問題を曖昧なままにして,結論をだしている。行政評価における選別基準は,さまざまの基準をばらばらに設定して

第15表　選別基準の具体的基準

| 条件 | 項目 | 具体的適用指標・基準 |
|---|---|---|
| 公共性<br>(必要条件) | 外部効果<br>公益支援 | 道路・公園にひしして交通・住宅・施設は外部効果は小さい。<br>民間ベースでは提供が難しい福祉・環境・文化などのサービスである。 |
| 有効性<br>(十分条件) | 効率効果<br>費用効果 | 単位当りの行政コスト・施設サービスの利用率などで測定できる。<br>投資・サービスの公的性格によって、一般財源補填率は異なる。 |
| 適正性<br>(運営条件) | 実施形態<br>経営改善 | 公共サービスでも実施は、企業・市民・団体などさまざまである。<br>経費節減・需要拡大など事業収支の改善策を導入していく。 |

いるが，実際，このような整合性のない無数の基準を設定しても，事務事業選択の最適化はできない。[1]

具体的には**第15表**にみられるように，公共性・有効性・適格性という選別基準を順次ふまえて，当該事務事業の廃止・存続・拡大を決定していくことになる。

第1に，「公共性の選別基準」である。公共性は2つの要素から規定できるが，1つは公共経済における外部効果である。**第5図**にみられるように，警察・消防・義務教員・一般道路などは，外部効果がきわめて大きい。したがって費用は全額公費負担でも問題がない。

公営交通・住民・保育所となると，特定の市民の利用となり，外部効果も

第5図　行政サービスと外部効果と公益支援性

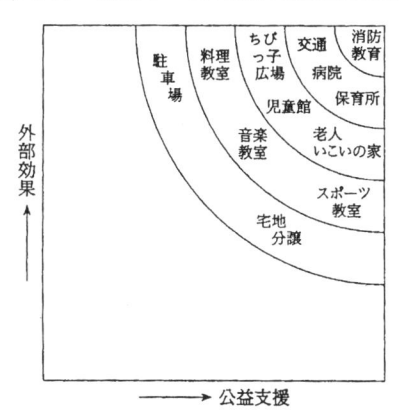

資料　神戸市『昭和51年度・行財政調査会報告書』22頁。一部変更。

一般公共投資・サービスより劣り，赤字幅が大きいと見直しとなる。

公共性のあと1つの要素は，公益支援性である。地域サービスのすべてが，営利・公共セクターが提供しているのではない。本来，公共セクターがすべきサービスを，民間が実施しているサービスもある。

反対に本来，公共サービスで提供すべきサービスを，無認可保育所・夜間保育所のように低所得者に対して民間が提供している場合もある。このようなサービスに対して，自治体から公的支援が注入されるのは当然である。

第6図にみられるように地域社会において必要とされる，公共投資・行政サービスはなにかを，外部効果を基準にして決定し，当該事務事業の公共性に対して事業収支の線引きをしなければならない。

また地域活動に対して，その住民負担システムの度合いから，公的支援の度合いを決定しなければならない。公益法人が分担する医療・教育・福祉などは，公的負担措置が制度的に確立されており，自治体が改めて支援する必要性は低いが，いわゆる共益・共生活動は公的支援措置が未成熟で，自治体は積極的に支援すべき状況にある。

このような当該事務事業の外部効果・公益支援性を要素として，事業収支の分岐点を決定していかなければならない。すなわち「公共性」にもとづく

第6図　地域サービスと公共性

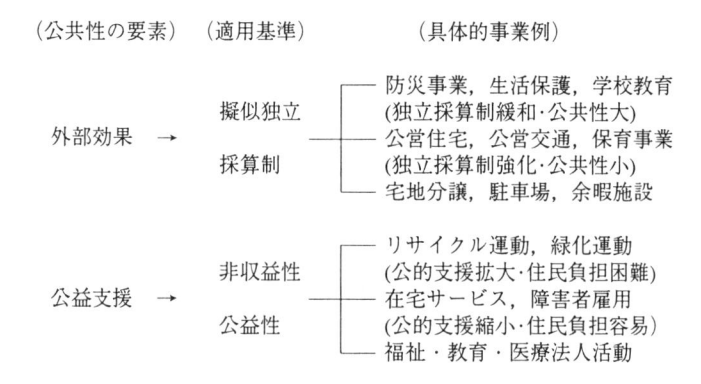

| （公共性の要素） | （適用基準） | （具体的事業例） |
|---|---|---|
| 外部効果　→ | 擬似独立採算制 | ─ 防災事業，生活保護，学校教育<br>　（独立採算制緩和・公共性大）<br>─ 公営住宅，公営交通，保育事業<br>　（独立採算制強化・公共性小）<br>─ 宅地分譲，駐車場，余暇施設 |
| 公益支援　→ | 非収益性公益性 | ─ リサイクル運動，緑化運動<br>　（公的支援拡大・住民負担困難）<br>─ 在宅サービス，障害者雇用<br>　（公的支援縮小・住民負担容易）<br>─ 福祉・教育・医療法人活動 |

「擬似独立採算制」の設定であり，公共性の具体化であり，行政評価指数を選別判断基準に連結する重要な要素である。

まず防災事業・生活保護・警察消防などの典型的公共サービスは，独立採算制はゼロパーセントである。つぎに海面埋立事業・宅地造成事業・余暇施設事業などは，一般的に市場サービスであり，100パーセントの独立採算制がもとめられる。

さらに中間サービスである交通・住民・公営施設などは，概念的には利用者負担は，公営水道9割，公営交通7割，文化施設6割，公営住宅5割，保育所5割などと設定できる。それは各事業の公共性，経営環境，市民ニーズの動向などで決定することになる。

各事務事業に擬似独立採算制を適用して，公共性の線引をしなければならない。当該事務事業の公共性は，数値では算出できないが，施設の公共性から線引をせざるを得ないのである。

公共投資・行政サービスでの核心は，この公共性にあり外部効果の概念をより具体化していかなければならない。注目されるのは自治体における第三セクターへの投資・融資・支援の問題である。

下関市の日韓高速定期船への赤字補填（山口地裁平成10年6月9日）は，自治体サイドが敗訴しているが，宮崎市のシーガイヤリゾートホテルでは，宮崎県が経営支援として補助金交付は勝訴（宮崎地裁平成15年3月24日）している。いずれも自治体は公共性があるからとして支援したが，基本的には「経営判断の原則」から，その支援の妥当性がとわれているのである。

すなわち合理的判断で経営的に成功すると予測した場合は，責任はないが，失敗の可能性がきわめて高い事業への投資・融資・支援は，合理性を欠くとして責任性を問われる。

補助金における「公益性」の類似適用であり，当該事業への支援が公共性，すなわち外部効果がある場合は，支出行為は事業が不成功でも責任はとえないのである。この場合の公共性も外部効果の範囲・効果の程度が，合法・違法の判断基準となっている。

事務事業の選別において，事前の事業収支を経済指標で算出し，事後にその経済指標の妥当性・合理性を追求することになるが，環境アセスメントと同様に，経営的な事前予防を，公共性の概念からどう定着させていくか，政策科学の重要な課題である。

　第2に，「有効性の選別基準」で，事務事業の費用（インプット指標）と効率（アウトプット指標）を算出する。費用については民間企業活動と同様であるが，効果の測定は直接的効果だけでなく，間接的効果も算入するので，数値はかなり異なってくる。

　具体的に自治体における事務事業の評価システムを追求してみると，まず，行政コスト分析からスタートする。先にみたように文化施設のケースでは，まず経済指標として年間維持・運用コストがいくらである。かりに減価償却・地方債償還費もふくめて20億円，収入が10億円とすると，10億円の事業赤字である。

　つぎに活動指標で100万人が利用すると，一人当りの公費負担は1,000円である。文化事業の内容にもよるが，やや高い水準であり，成果指標分析で検証することになる。

　経験的に公共性を決定することは，不可能ではないが，科学的方法としては，正確な成果指標を確保するには，アンケート方式で算出することになる。実際の利用料金より高い満足度がえられれば，当該事業経営は修正される。

　施設利用者の満足度が2,000円あったとすると，消費者余剰の理論からは2,000円の収入が，公経済ではあったことになり，収入総額20億円で収支は均衡するのである。

　さまざまの事務事業の経営判断について，公共性から擬制的独立採算制が適用されてきたが，先にみたように公共施設利用の住民満足度調査によって，実際の利用料金が算出できれば，すべての事務事業について公共経済的視点から市民満足度をベースに消費者余剰を算出していけば，独立採算制を適用できる。

　第3に，「適正性の選別基準」である。当該公共施設が，公共性を考慮し

た擬似独立採算制を適用しても，収支均衡の原則が確保されない場合，自治体は当該公共施設の廃止・改善などの対応をしていかなければならない。

　選別基準の1つが事業形態で，自治体が当該事務事業を分担するべきかどうかである。産業廃棄物処理行政は，府県行政なので市町村はなすべきでない。このような行政法・財政法などから事業の適格性をみることができるが，もっとも大きな要素は，官営・民営方式かの選択である。

　公共性が大きな事業でも，自治体が直接的に執行をすることはないという処理システムの選択問題である。いまや介護サービスは，家族ではなく，公的責任となりつつあるが，サービス供給セクターは，民間セクターが担当しており，公共施設管理でもＮＰＯ委託・ＰＦＩ方式などの間接方式がひろがっている。

　選択基準のあと1つが，経営改善策で，公共性が薄い施設は，擬似採算制では8割程度の収支が求められるが，3割の赤字であれば，あと1割の収支改善が必要となる。経営戦略としては，経営形態などがもっとも有効である。

　具体的には役員の整理・給与引き下げ，付帯・関連事業の拡充などさまざまの方策が考えられる。文化・福祉施設では利用者の増加を図っていけば，実質的な収支改善となる。このように3つの選別基準の適用で，事務事業は選択・改善されていくべきである。[7]

　このような事業の選別で，赤字事業の廃止がおくれると，累積赤字が膨張していくことである。擬似独立採算制を適用し，赤字でも事業廃止ができないケースとして，地方ローカル線がある。

　自治体は当該地方ローカル線の赤字額に対応して，財政支援を強化し，擬似独立採算制の水準を順次，低下させていき，資本出資金増加，無利子融資増加，定期券補助などの措置を注入していことになる。

　たとえば1日500人程度の地方ローカル線が，年間5億円の赤字では，生活路線でも費用効果分析から廃止となる。具体的線引きはできないが，バス路線という代替方式たとえばコミュニティ・バスもあり，福祉であるから廃止できないのはない。

自治体の事務事業も，結局は費用効果分析で選別していくべきである。その選別基準は，民間企業のように損益分岐点ではなく，財政支援後の収支均衡の原則が維持できるかどうかで，自治体のあらゆる事務事業は，公共性があっても収支均衡化をめざして，経営的努力を惜しまないことである。

　このように自治体の行財政は，行政評価・企業会計化などの行政の科学化によって，政策化がすすみ，事務事業の効率化，施策選別の適正化が行われるであろう。

　しかし，このような行政の科学化と並行して，行政の民主化がすすめ，情報公開，外部監査・評価，住民投票制などのシステムが発達いかなければならない。この科学化と民主化が，車の両輪となって，自治体行財政運営の政策化，そして事務事業執行の３Ｅの原則が図られて行くのである。

(1)　事務事業の「公共性」をめぐる課題は,企業会計化でも重要な要素であるが,行政評価システムとの関連では,高寄昇三『自治体の行政評価システム』(平成11年,学陽書房），高寄昇三『自治体の行政評価導入の実際』(平成12年度,学陽書房）参照。

III　損益計算書と貸借対照表

## 1 発生主義会計とストック会計

　官庁会計は現金主義であり,発生主義からみて,さまざまの不都合が生じているが,発生主義の官庁会計への導入も,地方財政の特性を十分に把握していない。

　第1に,発生主義では,将来において確実に発生する債権・債務は計上されるが,官庁会計では人件費の退職金が未計上である。しかし,企業会計方式でも,公会計の特殊的財政要素がネグレクトされている。

　たとえば地方交付税の財源補填措置としての建設公債発行は,その償還財源は地方交付税で面倒をみることは,地方財政措置できまっている。したがって地方債を債務として計上するならば,交付税収入は将来の債権として計上すべきである。

　また整備新幹線など政府の大型プロジェクトに対する,地元負担は政府事業の計画決定で,事実上は負担義務が発生しており,事業着工で債務は確定するが,実際は当該府県などが予算措置をするまで,支出額は計上されない。

　第2に,収入または支出の繰延べと,その結果として生じる債権・債務も,同様に当該年度に計上されるべきである。たとえば企業会計処理の交通事業における地下鉄建設補助のように,数年度にまたがって,支給される国庫補助金は,全額を補助金交付決定と同時に後年度の債権として計上すべきであるが,企業会計方式でも計上されていない。

　また赤字財政の自治体は,法定の減債基金を積み立てず,食い潰しているが,キャッシュフローの現金を確保するためである。しかし,貸借対照表では将来的債務として計上するのが,財政運営安定化のため警告指標としては必要な対応であろう。

　このような地方財政独特の将来債権・債務の処理をどうするか,公会計の企業会計化では検討されず,企業会計ベースで処理されている。将来の債務を計上する,企業会計方式では,一般会計の公営企業経費への財政支援費は,

毎年，確実に発生する債務であるが，どう処理するか曖昧である。

　第3に，収入において，物品購入費の支払は，年度内に支払うか否かに関係なく，当該年度の債務として計上されなければならない。官庁会計では，出納閉鎖期間（4〜5月）に未払・未収入金は処理するが，この措置が年度内執行のため，ムダな経費支出をする温床となっている。

　出納閉鎖期間でも処理できなかった，大口は債務負担行為とか，繰越明許金などで調整している。そして形式収支と実質収支とを調整しているが，貸借対照表・損益計算書のように，一覧性はなく自治体財政の決算を複雑にしている。

　第4に，地方財務会計では公共施設の減価償却費は，計上されないのは，原価主義で料金を設定する必要がないからである。しかも交付税で事業費補正措置がとられているので，実質的な減価償却費負担は，自治体財政は免れるシステムになっている。

　したがって再建築費は，交付税・補助金・地方税などの財源で調達されるので，計画的に減価償却する必要がない。奇妙なことであるが，交付金措置が減価償却費の機能を果たしている。

　すなわち企業会計方式の減価償却・元利償還は，地方財務会計では実質的には過剰債務・過少債権の計上となっている。たとえば小学校の減価償却は，補助金2分の1が制度上保証されているので，半分計上すれば十分となる。

　要するに企業会計化は，地方財政の交付税・補助金・地方税などの措置・運用を見込んでいないので，実際の地方財政運用と，大きく遊離しており，財政運営の指針として信用性に欠けるとの批判は免れないのである。

　このように地方財政では，発生主義も必ずしも企業会計的な発想では，十分に官庁会計に馴染んだ発生主義を成熟させていないといえる。

　また官庁会計のフロー会計主義と企業会計のストック会計主義も，おなじ関係にあるといえる。官庁会計はストック会計の観念が希薄であり，官庁会計は多くの欠点がみられるが，ストック会計の企業会計化には，また独自の修正が必要である。

第1に，消費的支出も資本的支出も，地方財政予算では支出となる。すなわち人件費を節約して，土地購入とか基金創設を実施しても支出となる。したがって予算書でも，どちらも赤字要素としても，実質的には資産購入・基金積立は黒字要素である。

　しかし，地方財政でも政府特殊法人の出資金などは，永久に返済が期待できない出資金で，行政不良資産として早期に償却すべきであるが，官庁会計を企業会計化しても，このような行政不良資産について，検討はあまりなされていない。

　また卑近な事例では，阪神大震災の生活支援融資のように，かなりの焦げ付が予測されるが，貸倒引当金などの措置は，企業会計化でもなされていない。近年のように不況が深刻化すると，一般の中小企業融資も貸倒れが発生しており，官庁会計といえども引当金制度の厳格な適用が必要である。

　第2に，反対に資産売却をして，財源を捻出するとか，積立金の取崩しでも，現金収支予算にはあらわれない。したがって首長が財源調整基金でもって，積極的な行財政活動をすれば，人気を博すが，財政基盤は脆弱化する。

　自治体の基金のなかには，市民・企業からの指定寄付金があり，本来，自治体の預かり金的資産であり，債権ではなく正味財産として永久に保全すべきものであるが，基金的扱いで処理されているが問題である。

　第3に，会計処理もストック会計からみて問題が多い。地方公営企業のように経常収支と資本収支に区分することがのぞましい。行政コスト分析でも，建設費と運用費は区分すべきである。

　また現在の地方財政予算では，事業別に経常・臨時と区分され，一般的に経常・建設費に区分されるが，たとえば臨時であれば，コンベンション経常経費なども，臨時事業で計上され，臨時事業が建設費という厳密な処理がなされていない。

　資本・経常会計区分をするにしても，地方債の処理は，経常的収支の収入には，一般的にはふくまれていないが，財源対策債，赤字補填債もあり，歳入費目としては設定しておくべきである。維持修繕費も，日常的維持費は経

常費であるが，資産的価値を高めるような修繕費，たとえば耐震構造費などは，資本的支出であろう。

こと地方債については，第7図にみられるように地方財政特有の措置・運用がなされている。建設債でも交付税補填債は交付税で，地域対策債などは利子補給でそれぞれ政府が元利償還金を補助している。また用地取得債は，同額を公共用地取得に充当しており，資産充当債といえる。

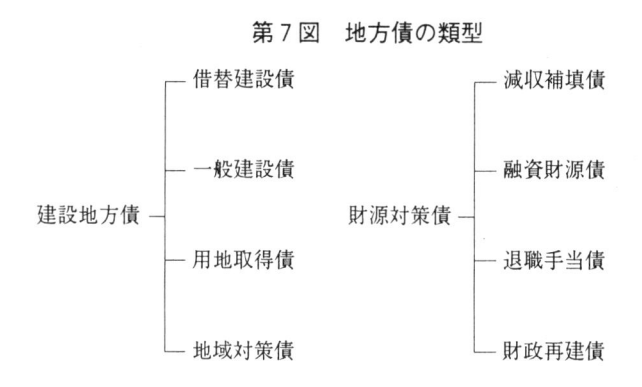

第7図 地方債の類型

```
                ┌─ 借替建設債              ┌─ 減収補填債
                │                          │
                ├─ 一般建設債              ├─ 融資財源債
建設地方債 ─────┤                財源対策債 ─────┤
                ├─ 用地取得債              ├─ 退職手当債
                │                          │
                └─ 地域対策債              └─ 財政再建債
```

一方，財源対策債は赤字債であるが，減収補填債は交付税で補填され，融資財源債は同額を中小企業融資に充当される資産充当債であるが，政府特殊法人への出資金は実質的には赤字債である。

退職手当・ベア対策債は，文字どうり赤字財源債であり，財政再建団体が発行する政府利子補給対象の財政再建債・公営企業再建債などは，財政支援債といえる。このように地方債は，その性格は対応であり，一概に債務として計上できない。もし債務として計上するならば，財源補填・利子補給分を資産として計上しなければならない。

第5に，繰出金は，地方公営企業の赤字補填・経営支援などは経常経費，建設費補助などは資本的支出となる。地方財務会計の企業会計化といっても，地方財政措置による例外的な財政措置をどう企業会計で措置するかは，民間会計学のみの発想では対応できない。

本来は自治体サイドが，このような特殊な公会計の運営については，企業会計措置でより正確な処理をすべきである。しかし，肝心の自治体は，基本的には自治体は，資産・債務という観念がない。たとえば下水道普及率80％という，ベンチ・マークはあるが，下水道資産1,000億円という概念は抱かない。また地方債という債務の意識はあるが，最終的には地方税・交付税で元利償還していくので，当該自治体の負担という認識は希薄である。

## 2　キャッシュ・フロー計算書

　いずれにせよ発生主義でも，交付税の建設地方債補填措置，公営企業赤字支援など，官庁会計独特の未確定債権債務について，明確な措置をしていない，不完全発生主義である。

　しかし，このような例外的措置はともかく，官庁会計が，発生主義を採用していないので，正確な行政コストが算出できない。そこで現金ベースの収支計算書を，企業会計方式で算出したのが，キャッシュ・フロー計算書である。

　要するに現金収支を，一般的に「行政活動キャッシュ・フロー」「投資活動キャッシュ・フロー」「財務活動キャッシュ・フロー」などに区分されている。新潟県柏崎市の事例は，**第16表**にみられるようになっている。

　キャッシュ・フロー計算書は，このように行政活動別の収支が計算されている。ただこのような資金の流れは，予算書ではわからないので，地方債残高とか基金残高などを，個別に追跡する必要があるが，キャッシュ・フロー決算書でわかる。

　行政活動分野では，主要歳入項目が網羅されているので，通常は黒字であるが，この黒字幅が小さいと，資本活動の赤字を埋めきれないのである。ただ地方財政では，地方交付税でも資本形成の基準財政需要額は算入されているので，実際は投資活動費にも，交付税は振り分けなければならない。

　また財務活動キャッシュ・フローは，当然，投資活動の財源不足に充当さ

## 第16表　柏崎市キャッシュ・フロー計算書
(平成12年4月1日～平成13年3月31日)　(単位 千円)

| | | 収　入 | 支　出 | 収　支 |
|---|---|---:|---:|---:|
| Ⅰ | 行政活動によるキャッシュ・フロー | | | |
| | 市税・譲与税 | 19,843,921 | | |
| | 使用料・手数料 | 678,984 | | |
| | 人件費 | | 6,265,170 | |
| | 物件費 | | 3,555,417 | |
| | 維持補修費 | | 1,058,468 | |
| | 扶助費 | | 1,953,155 | |
| | 諸収入 | 316,939 | | |
| | 小　計 | 20,839,844 | 12,832,210 | 8,007,634 |
| | 各種交付金・地方交付税 | 3,141,614 | | |
| | 国・県支出金 | 4,036,406 | | |
| | 分担金・負担金・寄付金 | 181,918 | | |
| | 補助費等その他の支出 | | 5,325,515 | |
| | 小　計 | 7,359,938 | 5,325,515 | 2,034,423 |
| | 合　計 | 28,199,782 | 18,157,725 | 10,042,057 |
| Ⅱ | 投資活動によるキャッシュ・フロー | 収　入 | 支　出 | 収　支 |
| | 有形固定資産の所得 | | 6,184,356 | |
| | 国・県支出金 | 2,168,781 | | |
| | 財産収入 | 146,935 | | |
| | 貸付金元利収入 | 4,654,142 | | |
| | 貸付金 | | 4,579,327 | |
| | 投資及び出資金 | | 257,507 | |
| | 小　計 | 6,960,858 | 11,021,190 | △ 4,060,332 |
| | 繰入金 | 274,010 | | |
| | 積立金 | | 88,548 | |
| | 繰出金 | | 3,622,720 | |
| | 小　計 | 274,010 | 3,711,268 | △ 3,437,258 |
| | 合　計 | 7,234,868 | 14,732,458 | △ 7,497,590 |
| Ⅲ | 財務活動によるキャッシュ・フロー | 収　入 | 支　出 | 収　支 |
| | 市債 | 1,920,100 | | |
| | 公債(元金) | | 2,344,449 | |
| | 公債(利子) | | 1,330,016 | |
| | 合　計 | 1,920,100 | 3,674,465 | △ 1,754,365 |
| Ⅳ | 活動合計(資金増減額) | 収　入 | 支　出 | 収　支 |
| | | 37,354,750 | 36,564,648 | 790,102 |
| Ⅴ | 資金期首残高 | | | 3,572,642 |
| Ⅵ | 資金期末残高 | | | 4,362,744 |
| | (資金期末残高の内訳)財政調整基金 | | | 1,724,881 |
| | 減債基金 | | | 1,027,430 |
| | 歳計現金(形式収支) | | | 1,610,433 |

(出所)　新潟県柏崎市『もう1つの決算書 決算統計で見る平成12年度決算』(平成13年12月) 35頁。
出典　井出信夫・池谷忍『自治体財政を分析・再建する』277頁。

れると予定されるが，赤字補填債もあり，性質別の市債状況が必要である。いずれにせよ全体としての資金収支とは別に，資金不足をどう調整し，資金剰余をどう留保したかを明確にする必要がある。

ただ実質的な資金収支は，別途，作成する必要がある。企業会計方式であっても，資金の流れが一目瞭然にわかるわけでないし，また 地方財政独自の財政処理の問題があるので，一般向きには要点のみをしぼって資金の収支を整理する必要がある。

第17表にみられるように，地方債では発行額より償還額が多ければ問題はないが，資本形成という点からは，財源対策債は赤字のたれ流しである。

第17表　実質的資金収支　　（単位 百万円）

|  | 発　行 | 元利償還 | 収　支 |
|---|---|---|---|
| 地 方 債 |  |  |  |
| 　建設地方債 | 18,000 | 17,800 | △ 200 |
| 　財源対策地方債 | 500 | 200 | △ 300 |
| 基　金 | 取　崩 | 積立金 | 収　支 |
| 　財源調整基金 | 300 | 100 | △ 200 |
| 　特定基金 | 100 | 300 | 200 |
| 　減債基金 | 300 | 0 | △ 300 |
| 貸付金 | 回　収 | 貸　付 | 収　支 |
| 　住宅貸付金 | 500 | 200 | △ 200 |
| 　産業貸付金 | 200 | 300 | 100 |
| 借入金 | 借　入 | 返　済 | 収　支 |
| 　三セク融資 | 500 | 200 | △ 300 |
| 　一時借入金 | 500 | 500 | 0 |
| 財産処分 | 売　却 | 購　入 | 収　支 |
| 　固定資産 | 400 | 100 | △ 300 |
| 　預　金 | 100 | 0 | △ 100 |
| 資金収支 |  |  | △ 1,600 |

基金会計では，当該年度でいくら取崩したかであり，減債基金の減少は，さきの財源対策と同様の措置であり，財政悪化の危険信号である。

見落とされがちなのが，貸付金会計である。地方住宅供給公社などへ一般

会計が貸付けていた資金を引き上げ,公社は民間金融機関から資金を借入れることになる。

また借入金の焦げ付き不良債権化も珍しくなくなった。自治体が銀行からの借入金を第三セクターへ融資したが当該第三セクターが破産し借入金の返済が不可能になる場合もある。また外部団体の経営活動の損失補償を自治体がしていた場合,同様の損失が発生する。

実質的には一般財源の食い潰しであるが,キャッシュ・フロー計算書でもわからない場合がある。

このようなキャッシュ・フロー計算書,行政コスト計算書と同様の性格が,企業会計諸表の損益計算書である。貸借対照表が,自治体会計においては,資産会計の一覧・増減表としての機能をもち,損益計算書が,行政サービスの水準・効率性を分析する,会計諸表といえる。

第18表で例示した損益計算書は,行財政活動の費用効果を明確にする,必要な計算書である。行政活動全体として,資本収支を除外して,経常収支が健全かどうかを判断する。公益法人会計は,どちらといえば,この損益計算書がベースである。

第18表　損益計算書

| 項目　A | 項目　B | 項目　A | 項目　B |
|---|---|---|---|
| Ⅰ　経常費用<br>　－　事業費<br>　－　事業費<br>　－　事業費<br>　　一般管理費<br>　　支払利息<br>　　雑　損<br>Ⅱ　特別損失 | Ⅰ　経常費用<br>　　人件費<br>　　物件費<br>　　維持修繕費<br>　　補助等<br>　　公債費（利子）<br>　　減価償却<br>　　退職金引当金<br>Ⅱ　特別損失 | Ⅰ　経常収益<br>　－　事業収入<br>　－　事業収入<br>　－　事業収入<br>　　国庫補助金収入<br>　　地方交付税収入<br>　　受取利息<br>　　雑　益<br>Ⅱ　特別利益 | Ⅰ　経常収益<br>　　地方税<br>　　補助金<br>　　使用料<br>　　諸収入<br>　　交付税<br>　　寄付金<br><br>Ⅱ　特別利益 |
| Ⅲ　当期利益 | Ⅲ　当期利益 | Ⅲ　当期欠損 | Ⅲ　当期欠損 |

自治体会計においても，収入が支出よりすくなければ，基金を崩すか，財源対策債を発行するか，なんらかの措置を迫られる。ただ自治体財政の場合，国庫補助金・地方交付税収入には，資本的収入もふくまれており，当該自治体の裁量によって，収支が操作できるという欠点がある。

## 3　資産会計の課題

　官庁会計の欠陥は，ストック会計の欠落であるが，企業会計の貸借対照表は，自治体のストック会計として不可欠な会計諸表である。貸借対照表では，資産は第19表にみられるように区分されているが，問題は評価方法である。総務省は，貸借対照表のひな型を作成しているが，資産・債務の評価・処理について問題が多い。

　第1に，有形固定資産については，行政目的別に区分しているが，性格・性質別の資産区分のほうが，資産評価において便利である。資産の評価は，企業会計のように厳密に処理する必要はない。一般的には売却不可能な行政資産は，固定資産税評価額で評価すればよい。

　そして建築物は，耐用年数で減価償却していけばよいことになる。ただ普通財産は，売却可能な資産であるので，基本的には時価評価で処理すべきで

第19表　資産の分類

| 項　　目 | | 説　　　　明 |
|---|---|---|
| 流動資産 | 当座資産 | 現金・預金　未収収入(地方税・手数料等)　有価証券など |
| | 棚卸資産 | 原材料　貯蔵品　消耗品費など |
| | その他流動資産 | 短期貸付金　前払費用　未収収益など |
| 固定資産 | 有形固定資産 | 土地　建物　船舶　インフラ資産　建設仮勘定など |
| | 無形固定資産 | 特許権　地上権　地役権　鉱業権　漁業権など |
| | 投資その他資産 | 投資有価証券　出資金　長期貸付金　基金　長期前払金など |
| 繰　延　資　産 | | 地方債発行差益　開発費　試験研究費　災害復旧費事業など |

ある。

　棚卸資産のなかには，計上に値しない零細な物品は，計上する必要はない。企業とことなり，売却するための在庫品がすくないからである。

　第2に，有価証券などは，原則として取得価格で計上するが，時価が大きく変動した場合，評価額を調整することになる。社会資本などの評価は，きわめて困難である。施設としては利用できても，社会的耐用年数は，より短いのが普通であり，早期の減価償却が採用されるべきである。

　出資金などについて，政府公団などの出資金は，名目は出資金であるが，将来，配当・売却などが不可能な巨額の出資金があり，早期に減価して対応しなければならない。有価証券・基金などで，近年のように有名な債権のデフォルトが発生する場合があり，評価より債権購入時における配慮がきわめて重要である。

　第3に，基金は，有形固定資産と流動資産の基金と区分して処理されている。基金の会計処理は重要で，財源調整基金の増減はわかりやすいが，減債基金の積み立ての削減・取崩しは，退職金の未計上と同様に債務として計上すべきである。

　ことに土地開発基金のように，土地取得後の価格下落については，民間企業より厳格に価格修正を適用すべきである。なぜなら土地開発公社のなかには，公社独断の思惑取得もあり，脱法的に購入された物件もあり，代行機関としての役割を逸脱した事例が見られるからである。

　第4に，未収地方税は，何割かは徴収不能となるので，全部を計上できない。負債は，債務負担行為などが計上されているが，問題は損失補償契約などの債務は，ある程度は損失引当金として計上するのが，賢明な会計処理であろう。青森県大鰐町では，標準財政規模40億円で80億円の損失を外郭団体で発生している。このような事例は，例外でなく一般的に発生するケースなのである。

　このような意味では，政府公団への出資金，土地開発公社の行政不良資産などは，退職引当金と同様に損失保証金・引当金処理すべきである。公会計

の限界として,むしろ自治体で行われている,減債基金の食い潰し,財源対策債の発行など,地方財政特有の実質的な粉飾操作に,どう対応していくのかが課題である。

第5に,投資等の資産についても,地方税・国庫補助金・交付税などで措置されたものは,正味資産として同額の金額を経常すべきである。たとえば地方交付税で,土地開発公社の土地購入資金を手当てされているのであれば,計上すべきである。

第6に,災害復旧費などは,当該年度で巨額臨時の損失は,貸借対照表の資産の部に記載して,繰延経理を行い,合理的期間内に償却するのがのぞましいと考えられている。

負債は貸借対照表では,第20表にみられるように区分されている。負債について配慮すべき点は,第1に,借入金は,短期資金不足でなく,歳入不足の補填措置として悪用されるので,注意すべき資金である。第2に,債務負担行為は,近年,巨額になっており,内容を吟味する必要がある債務である。

第3に,地方債は,建設債と赤字債があるので,区別して計上する必要がある。地方交付税の補填地方債は,交付税で元利償還が保証されているので,資産の部で未収収益金として計上すべきである。

第20表　負債の分類

| 区　分 | 説　明 |
|---|---|
| 流動負債 | 短期借入金 繰上充用金 未払金 未払費用 前受収益 修繕引当金など |
| 固定負債 | 地方債 長期借入金 退職引当金 債務負担行為 負担分担金 繰延国庫など |

基金の処理は,あまり注目されていないが重要で,第21表にみられるように類型化して,資産処理しなければならない。要するに基金といっても,さまざまの性格がある。

流動資産的基金としては,財政調整基金があげられ,固定資産的基金とし

第21表　地方財政基金の類型

| 流動資産的基金 | 固定資産的基金 | 政策公益的基金 |
|---|---|---|
| 財政調整基金 | 減債基金 | 公益法人基金 |
| 特定目的基金 | 災害基金 | 市民活動支援基金 |
| 中小企業融資基金 | 民間寄付基金 | 環境改善基金 |

ては，減債基金・災害基金などがあげられる。投資的資産としては，公益法人基金・市民活動支援基金などがあげられる。

　基金の性格はさまざまであり，財源調整基金などは財政状況におうじて増減されるべき基金であるが，災害基金などが財政状況によって簡単に取崩しを許さないためには，固定資産として処理すべきである。

　おなじような意味から環境基金とか市民活動支援基金などを，行政サイドの都合で処理されないようにするには，投資資産などとみなし，市民共有資産として位置づけておくべきである。

　自治体財政運営でもっとも警戒すべきは，自己努力による減量化より先に基金を崩すことである。このような財政措置を安易に許容するようでは，企業会計の価値はなきに等しいのである。自治体の恣意的財政運営の抑止力がいくらあるかで，公会計化の価値も決まってくるのである。

### 4　貸借対照表の作成

　貸借対照表の作成には，資産評価の問題があるが，基本的な問題として官庁会計には資本金がないという，企業会計と官庁会計の根本的な相違があり，この解消は実質的には不可能である。

　第22表の東京都のバランスシートでは，行政資産と普通資産に区分して処理しているが，行政資産ベースでは，大幅黒字，普通資産ベースでは，大幅赤字と奇妙な結果となっている。

第22表　東京都バランスシート（試算）　　（単位 億円）

[庁舎・土地などを資産にふくめた場合]

| 資　　産 | | 負　　債 | |
|---|---|---|---|
| 流動資産 | 4,528 | 流動負債 | 5,518 |
|  |  | ・債務負担行為 | 2,085 |
|  |  | ・都　　債 | 2,052 |
| 固定資産 | 16兆2,757 | 固定負債 | |
| ・行政財産 | 12兆131 | ・都　　債 | 6兆5,176 |
| ・普通財産 | 1兆2,336 | ・退職給与引当金 | 1兆4,249 |
| ・投資等 | 3兆290 | ・債務負担行為 | 1兆3,491 |

＊資産が超過する分は正味資産で6兆693億円

[庁舎・土地など売却できないものを除いた場合]

| 資　　産 | | 負　　債 | |
|---|---|---|---|
| 流動資産 | 4,526 | 流動負債 | 5,518 |
| 固定資産 | 4兆2,626 | 固定負債 | 9兆5,176 |
| ・普通財産 | 1兆2,336 |  |  |
| ・投資等 | 3兆290 |  |  |
|  | 4兆7,309 |  | 10兆693 |

＊負債が超過する分は債務超過額で5兆3,384億円

※行政財産は建物・土地など。投資等は所有有価証券、貸付金、基金など。平成5年3月末時点。
出典　平成11年7月23日、日本経済新聞。

　要するに行政財産をふくむと，自治体のバランスシートは，東京都に限らずすべての団体で資産超過となり，自治体全部が超優良団体となってしまう。そこで東京都の試算でも，処分可能な普通財産だけのバランスシートを作成することになった。

　その結果は第22表にみられるように，債務超過団体となってしまう。これは当然で道路・下水・学校など行政財産を建設するための地方債であるのに，資産勘定に行政財産が計上されないからである。

　このように行政財産ぬきのバランスシートならば，地方債はいわゆる財源対策債のみを計上すべきである。もしそうでなければ，バランスシートの意

第23表　大分県臼杵市の貸借対照表（平成9年度）　　（単位 千円）

| 資産の部 | | | 負債・持分の部 | | |
|---|---|---|---|---|---|
| 流動資産 | 現金 | 171,822 | 流動負債 | 翌年度返済予定市債 | 1,299,762 |
| | 財源調整基金 | 1,161,045 | | 未払金 | 326,823 |
| | 未収入金 | 466,030 | | 翌年度支払予定退職金 | 420,749 |
| | 貸倒引当金 | -11,184 | | 計 | 2,047,334 |
| | 売却可能財産 | 935,363 | | | |
| | その他 | 103,673 | 固定負債 | 市債 | 12,525,063 |
| | 計 | 2,862,749 | | 1年超未払金 | 0 |
| 固定資産 | 有形固定資産計 | 40,283,595 | | 退職給与引当金 | 1,520,112 |
| | 売却不能財産 | 37,760,618 | | 計 | 14,045,175 |
| | 投資及び出資金・貸付金 | 1,030,682 | 持分 | 社会資本形成一般財源 | 18,654,474 |
| | 基金 | 1,492,295 | | 国庫・県支出金 | 9,963,110 |
| | 無形固定資産 | 6,079,365 | | 積立金 | 2,653,340 |
| | 計 | 46,362,960 | | 繰越余剰 | |
| 繰延資産 | | 48,754 | | 計 | 33,145,954 |
| 資産合計 | | 49,238,463 | 負債・持分合計 | | 49,238,463 |

資料　平成11年5月26日 朝日新聞

味をなさないのである。これはバランスシートでなく，自治体の地方債返済能力をしめす，キャッシュフロー会計であるといえよう。

　東京都のバランスシートよりも，第23表の臼杵市のバランスシートの方がより実態に近いといえる。第1に，退職金引当金などの計上に加えて，持ち分として資本金に相当する分を計上したことである。民間企業の貸借対照表と，類似のバランスシートができたことである。減価償却・資産評価をどうするかなどの問題があるが，全体としては実態により近くなった。

　第2に，地方公務員や一般市民にとって，わかりにくい概念が株主持分である。資産－負債＝資本であり，民間企業の場合は，株主の出資金が該当するが，自治体の場合は出資金はない。

　しかし自治体の資本形成のための出資金として，租税負担が該当する。さ

らに国庫補助金，地方交付税，地方税，負担金・寄付金もひろい意味の租税に当たる。

したがって明治以来の建設財源のすべてを，算入していかなければならない。これが公会計の資本金に該当するが，民間企業のように配当を支払う必要性のない，資金調達手段をもっている公会計の特殊性である。

第3に，資産と負債の差額を持分として，計上するだけでは貸借対照表の意義は，半減する。まず資産は，土地と建築物・インフラなどの構築物に区分すべきである。

建設当時の財源を持分として計上すべきである。そして資産評価は減価償却分だけ目減りしているので，持分から控除すべきである。

その結果，長期的資産評価は，恐らくインフレーションによる投資資産の含み益は，きわめて大きいはずであり，これらの含み益が資本剰余金に当たるといえる。したがって自治体によってサービス型と，投資型の財政運営のタイプがあり，投資型で先行投資型の自治体の資本剰余金は，きわめて大きいことがわかる。もっとも最近になって，公共投資を膨張させた自治体は，資産の目減りがきわめて大きいといえる。

## 5 貸借対照表の限界

企業会計の官庁会計への導入で，もっとも厄介な難問が，貸借対照表における資本金の処理である。もともと政府・自治体には国民・市民からの出資金はない。

第1に，貸借対照表においてどのように工夫しても，資本金問題は解決しない。企業会計での資本金は，株主からの借入金であり，将来，株式会社が解散する場合は，株主に返済すべき債務である。

また資本剰余金は，官庁会計では発生しがたい歳入である。地方債を発行して額面を上回る公募価格で売却できたとして，資本剰余金として処理すべきか，処理に困る利益金である。

第2に,資本金の概念形成を断念し,持分という概念を利用している。行政資産形成に充当した資金として,地方債以外の地方税・国庫補助金などである。要するに建設財源を整理会計として経常したのである。

　しかし,建設財源は毎年投入され,累積額として巨額になる。資産は明治以来の行政財産が計上されるのであるから,建設財源も明治以来の投入財源を経常しなければならない。ただ建築物は,減価償却期間が終了すると,資産価値はなくなるので,その分だけ赤字となる。

　したがって土地に充当された,建設財源だけを持分として計上するかである。しかし,それでは実態と合致しないが,持分を資本金と同様の概念とすると,建築物は償却されるので,土地財源のみを計上するべきである。

　第3に,このような持分処理では,実態のない金額となるので,多くの自治体の貸借対照表は,資本金の概念を諦め,正味財産の概念を用いている。しかし,正味財産の処理も曖昧である。

　正味財産は**第24表**のように,資産を行政・普通財産,正味財産を市民・行政持分に区分するシステムを採用している。普通財産は売却可能であるので,この分を市民持分としたが,企業会計の資本剰余金・利益剰余金とおなじ性格の資産といえる。

　第4に,正味財産をさらに厳密に区分して,**第25表**にみられるように,恒

第24表　バランスシート(目的別配列法)

| 資　　産 | 負　　債 |
|---|---|
| A　普通財産 | C　一般債務 |
| B　行政財産 | D　特定債務 |
|  | 正味資産<br>＝A＋B－C－D |
|  | 国民持分＝A－C<br>行政持分＝B－D |

出典　赤井伸郎等『バランスシートで見る・日本の財政』37頁

第25表　正味財産の分類

| 区　　　　分 | 説　　　　明 |
|---|---|
| 恒久的な拘束正味財産<br>一時的な拘束正味財産<br>無拘束正味財産 | 一般財源等，国庫・都道府県支出金など<br>特定目的積立金<br>繰越剰余金 |

出典　隅田一豊『公会計入門』167

久的・一時的・無拘束正味財産に区分する方法である。

　恒久的拘束正味財産は，社会資本整備に投入された地方税・国庫補助金・地方交付税などを，正味財産として永久に保全するとしている。しかし，用地以外は社会資本でも減価していくので，資産対応の資金として正味財産化し固定するのはおかしい。いわば消耗器材と同様に減価償却分は，地方税などの積立金を減価償却しなければならない。

　一時的拘束正味財産は，基金・積立金であり，積立目的によって支出されるまで，正味財産として計上されるのは，当然の措置である。

　市民持分・行政持分は，市民分が資本剰余金的資産であり，行政分が社会資本的資産であるとみなすと，それなりに意味があるので区分をしてみる価値はある。

　第5に，正味財産の計上方法は，ほとんどの自治体が，国庫補助金・地方税などの財源方式を採用しているが，実質的な意味がなく，資産方式のほうがすぐれている。東京都武蔵野市は，このような財源方式に積立金・基本財産・基金などの財産方式を追加している。

　結局，正味財産は，文字どおり当該自治体が，後世の市民に引き継ぐべき財産を計上すべきである。したがって資産の部のうち，自治体の財政状況などで処分されやすい資産，建築物などの変動要素のある資産などは，本来は計上すべきでない。構築物・建造物，建築物については，貸借対照表で減価償却も計上されており，経過年度がくれば消滅・再建される。

　したがって行政財産は，土地のみが後世の市民の財産といえる。しかし，普通財産は，当該資産を地方税・補助金・交付税で購入したものは，正味財

産であるが,当該自治体が公共デベロッパーの益金で購入したものは,単なる資産であり,正味財産ではない。

　基金のうち財政調整基金などのように財政運営上,将来に取崩しを予定している基金は除外して,財政安定基金として保有すべき基金などを計上すべきである。

　たとえば東京都は東京電力株,大阪市・神戸市は関西電力株を保有しているが,これらの株式は,戦前市民の負担で民営電力会社を買収した配電事業を,昭和18年の電力統合時に現物出資の見返りとして取得した株式である。

第26表　正味財産の類型

```
行政持分（行政財産）＝土地行政財産
市民持分（普通財産）＝既存行政財産処分財産
　　　　　　　　　　　市民寄付財産
　　　　　　　　　　　永久財政安定化基金
```

# Ⅳ 連結決算と事業別会計

## 1 連結決算方式の導入

　地方財務会計を企業会計化していかなければならない理由の1つは,間違いなく連結決算の編成である。一般会計は,議会でも審議され,マスコミをつうじて情報がながれるので,システムとして大きな支障はない。
　しかし,外郭団体の情報開示はすすんでいないのみでなく,地方公営企業と同様に,慢性的赤字団体が大半で,要注意会計である。自治体の会計は,これらの会計を,事業区分ごとに編成し連結しなければ,財政の実像はわからない。
　第1に,一般会計に対する,特別会計,公営企業会計,外郭団体会計などの比重が大きくなりつつある。大都市財政などでは半分にもなる。
　第2に,公営企業会計・外郭団体は,一般会計に比して財政収支は悪く,一般会計からの財政支援の必要度は,年々,高まっている。しかも支援の方法は,補助金・融資・事業委託・人件費負担など,多様な措置が注入されている。
　第3に,外郭団体は,一般会計より複雑な経営問題をはらんでおり,ことに近年は,外郭団体の経営破綻・不祥事も続発している。
　しかし,自治体財政における連結決算は,企業会計より厄介な問題がある。第1に,一般会計・企業会計・外郭団体会計で,会計処理方式が異なることである。一般会計を企業会計に再編成するのは大変であるので,一般会計以外の会計を現金会計ベースに再編成し,当該年度の財政収支を算出し,黒字・赤字額を集計する方式が考えられる。
　しかし,それでは公会計化の意味を埋没させてしまうので,一般会計・公益法人を企業会計化するべきである。
　第2に,各会計の貸借対照表を連結させても,各会計間の他会計への赤字補填のための繰出金,他会計からの黒字の繰入金は明確にならないので,別途,簡便な方式で,各会計間の財務関係表を作成するのがのぞましい。

第3に，連結決算の必要性は，このようなフローの連結収支だけでなく，ストックの連結決算の必要性がある。東京都はすでに，連結決算ベースの貸借対照表を作成ずみである。その場合の難問は，資産評価の基準である。ことに土地開発公社の不良資産などを考えると，取得価格・時価価格の低い方式を採用すべきである。

　それは官庁会計は，如何に厳しく評価しても，株主の利益還元の権利を侵害するなどの恐れがすくないし，官庁会計は安定性を第一優先すべきであるからである。

　したがって土地開発公社の先行取得用地は，低価格評価がのぞましく，自治体の出資金のなかには，半永久的に利益還元のない，寄付金・補填金のような無価値のものもあるので，評価方式は厳格に行っていくべきである。

　東京都の貸借対照表にもとづく連結決算は，**第27表**のようであるが，数値からわかることは，第1に，資産合計は，普通会計18兆8,465億円に対して，都全体では32兆8,781億円と，普通会計と非普通会計の比率は約10対7である。

　第2に，有形固定資産では，普通会計14兆2,263億円に対して，都全体では27兆9,450億円で，普通会計と非普通会計の比率は約10対9.6である。土地は9兆4,835億円で3分の1を占めている。

　報告書は「遊休資産，不要資産等の有無，土地を中心とした含み損の有無等を十分に検討した上で，有効利用，売却処分，流動化等を進めることが緊急の課題となる」（同報告書118頁）と問題点を指摘している。

　第3に，負債合計は普通会計9兆5,095億円に対して，都全体では18兆1,879億円で，普通会計と非普通会計の比率は，10対9.1である。「今後の返済スケジュールを十分に念頭においた都全体の事業運営が必須であることがわかる」（同報告書118）と警告している。

　なお東京都の連結決算で，注目すべき問題点は，第1に，全会計が，貸借対照表を作成していれば，連結決算は容易に作成することができる。連結決算は，一般会計のフロー会計に公益法人・株式会社会計を再編成する方法も，

第27表　東京都連結要約清算表(貸借対照表 平成12年3月31日)

| 区　分 | 普通会計 | 特別会計 | 公営企業会計 | 監理団体会計 | 全体単純計 | 全体純計 |
|---|---|---|---|---|---|---|
| 流　動　資　産 | 3,401 | 109 | 10,185 | 8,527 | 22,224 | 19,078 |
| 　現　金　預　金 | 368 | 107 | 5,584 | 2,938 | 8,999 | 7,246 |
| 　売　上　債　権 | — | — | 980 | 3,685 | 4,665 | 4,665 |
| 　棚　卸　資　産 | — | — | 1,520 | 594 | 2,115 | 2,115 |
| 　短　期　貸　付　金 | — | — | 205 | 42 | 247 | 42 |
| 　未　収　金 | 3,381 | 2 | 1,181 | 909 | 5,474 | 4,285 |
| 　貸　倒　引　当　金 | △ 363 | 0 | 0 | △ 3 | △ 367 | △ 367 |
| 　その他流動資産 | 15 | — | 713 | 361 | 1,090 | 1,090 |
| 固　定　資　産 | 184,916 | 2,905 | 131,537 | 32,170 | 351,529 | 309,240 |
| 　有形固定資産 | 142,263 | 2,747 | 107,696 | 26,743 | 279,450 | 279,450 |
| 　　建　　　物 | 37,125 | 332 | 8,805 | 9,443 | 55,707 | 55,707 |
| 　　構　築　物 | 25,280 | 164 | 56,291 | 2,218 | 83,955 | 83,955 |
| 　　機　械　装　置 | 38 | — | 15,600 | 648 | 16,287 | 16,287 |
| 　　土　　　地 | 73,816 | 2,248 | 13,858 | 4,912 | 94,835 | 94,835 |
| 　　建　設　仮　勘　定 | 5,843 | — | 12,258 | 9,241 | 27,343 | 27,343 |
| 　　その他有形固定資産 | 158 | 1 | 883 | 1,393 | 1,512 | 1,512 |
| 　無形固定資産 | 91 | — | 525 | 1,393 | 2,010 | 2,010 |
| 　　借地権,地上権 | 65 | — | 73 | — | 1,373 | 1,512 |
| 　　その他無形固定資産 | 26 | — | 452 | 19 | 498 | 498 |
| 　投　資　等 | 42,560 | 158 | 23,314 | 4,034 | 70,068 | 27,779 |
| 　　有　価　証　券 | 1,606 | — | 673 | 1,509 | 3,789 | 2,119 |
| 　　長　期　貸　付　金 | 19,279 | 158 | 11,199 | 1,129 | 31,766 | 10,968 |
| 　　投　資　不　動　産 | — | — | 11,284 | 14 | 11,299 | 4,576 |
| 　　長　期　預　金 | 1,686 | — | 56 | 220 | 1,962 | 1,962 |
| 　　基　　　金 | 7,713 | — | — | 174 | 7,888 | 7,088 |
| 　　貸　倒　引　当　金 | — | — | — | △ 14 | △ 14 | △ 14 |
| 　　その他投資等 | 12,274 | — | 100 | 999 | 13,375 | 1,080 |
| 繰　延　資　産 | 147 | 0 | 96 | 217 | 462 | 462 |
| 資　産　合　計 | 188,465 | 3,015 | 41,819 | 40,915 | 374,215 | 328,781 |
| 流　動　負　債 | 8,090 | 94 | 4,588 | 7,313 | 20,086 | 18,684 |
| 　仕　入　債　務 | — | — | 704 | 24 | 728 | 728 |
| 　短　期　借　入　金 | 5,947 | 90 | 205 | 5,179 | 11,423 | 12,962 |
| 　都　　　債 | 5,947 | 90 | — | — | 6,038 | 10,069 |
| 　そ　の　他 | — | — | 205 | 5,179 | 5,384 | 2,983 |
| 　短　期　未　払　金 | 2,142 | 3 | 3,435 | 922 | 6,504 | 3,562 |
| 　その他流動負債 | — | — | 243 | 1,187 | 1,430 | 1,430 |
| 固　定　負　債 | 87,004 | 2,053 | 14,138 | 28,553 | 131,750 | 163,195 |

| | | | | | | |
|---|---|---|---|---|---|---|
| 社　　　債 | — | — | — | 1,932 | 1,932 | 1,932 |
| 長期借入金 | 74,435 | 1,787 | 4,503 | 24,550 | 105,277 | 136,721 |
| 都　　　債 | 70,735 | 1,787 | 1,068 | — | 73,591 | 121,752 |
| そ の 他 | 3,700 | — | 3,434 | 24,550 | 105,277 | 14,968 |
| 長期未払金 | 1 | — | 3,731 | 277 | 4,009 | 4,009 |
| 退職給与引当金 | 12,568 | — | 475 | 178 | 13,221 | 13,221 |
| その他引当金 | — | — | 506 | 533 | 1,039 | 1,039 |
| その他固定負債 | — | 266 | 4,922 | 1,080 | 6,269 | 6,269 |
| 負 債 合 計 | 95,094 | 2,147 | 18,727 | 35,867 | 151,837 | 181,879 |
| 正 味 財 産 | 93,370 | 867 | — | 2,167 | 96,406 | 94,141 |
| うち当期増減額 | △7,459 | △872 | — | 186 | △8,144 | △8,331 |
| 剰 余 金 | — | — | 27,779 | △1,014 | 26,765 | 52,759 |
| うち当期増減額 | — | — | 5 | △155 | △149 | 37 |
| 資 本 金 | — | — | 95,313 | 3,886 | 99,199 | — |
| 法 定 準 備 金 | — | — | — | 7 | 7 | — |
| 正味財産(資本)合計 | 93,370 | 867 | 123,092 | 5,048 | 222,378 | 146,901 |
| 負債・正味財産(資本)合計 | 188,465 | 3,015 | 141,819 | 40,915 | 374,215 | 328,781 |

資料　東京都『機能するバランスシート』126頁。

一時期に考えられたが,公会計化を考えると,全会計を企業会計化するのが,ベストの選択である。

　第2に,官庁会計は,一般会計・特別会計,公営企業会計,公益法人会計,株式会社会計に区分されている。当然,各会計間の重複が発生するので,組替修正,相殺消去仕訳などの方法で処理している。純計は約1.3％程度減額となっている。

　第3に,東京都の投資・資本は,2兆593億円,債権・債務2兆1,004億円であるが,全部が優良資産とはいえないので,引当金に計上すべき金額を推計することがのぞましい。

　また土地は,土地9兆4,835億円であるが,取得評価方式であり,時価・低価格方式に再評価がのぞましいことは,東京都も指摘していることである。

第4に,貸借対照表は,将来の債権・債務も計上しているが,ストック会計視点から別途,個別会計分析が必要で,東京都は**第28表**にみられるように,債務償還計画を作成している。

第5に,正味財産の合計は,「監理団体(外郭団体)の正味財産合計が5,048

**第28表　東京都全会計借入金及び社債の返済・償還予定額**

| 区　　分 | 12年度 | 13年度 | 14年度 | 15年度 | 16年度 | 17年度以降 | 計 |
|---|---|---|---|---|---|---|---|
| 普通会計 | 5,947 | 5,313 | 7,933 | 11,248 | 9,052 | 37,186 | 76,682 |
| 「特別会計」 | 90 | 85 | 134 | 65 | 122 | 1,378 | 1,878 |
| 公営企業会計 | 4,030 | 3,101 | 3,528 | 4,176 | 5,699 | 32,724 | 53,260 |
| 株式会社 | 723 | 571 | 582 | 1,450 | 587 | 8,336 | 12,252 |
| 公益法人 | 317 | 218 | 227 | 235 | 161 | 6,381 | 7,542 |
| 合　　計 | 11,110 | 9,290 | 12,406 | 17,177 | 15,623 | 86,008 | 151,615 |

資料　東京都『機能するバランスシート』125頁。

**第29表　武蔵野市の比較連結貸借対照表(平成10年度・11年度)**

| 借　　方 | 平成10年度 | 平成11年度 | 増減 | 借　　方 | 平成10年度 | 平成11年度 | 増減 |
|---|---|---|---|---|---|---|---|
| 【資産の部】 | | | | 【負債の部】 | 88,613 | 88,068 | △545 |
| 1　流動資産 | 20,221 | 20,371 | 150 | 1　流動負債 | 4,733 | 4,360 | △373 |
| (1)現金預金 | 11,325 | 11,749 | 424 | (1)短期借入金 | 3,127 | 3,158 | 31 |
| (2)基　　金 | 5,300 | 4,947 | △353 | (2)未払額等 | 1,607 | 1,202 | △405 |
| (3)未収金等 | 4,202 | 4,029 | △173 | 2　固定負債 | 83,880 | 83,709 | △171 |
| (4)貸倒引当金 | △607 | △354 | 253 | (1)長期借入金 | 63,833 | 61,814 | △2,019 |
| 2　固定資産 | 249,015 | 251,507 | 2,492 | (2)退職給与引当金 | 18,201 | 20,035 | 1,835 |
| (1)土　　地 | 154,278 | 157,209 | 2,931 | (3)その他 | 1,846 | 1,860 | 14 |
| (2)建物・構築物 | 87,523 | 86,733 | △790 | 【正味財産の部】 | 200,061 | 205,842 | 5,781 |
| (3)その他 | 7,214 | 7,564 | 350 | | | | |
| 3　無形固定資産 | 1,486 | 1,486 | 0 | | | | |
| 4　投資その他 | 17,952 | 20,546 | 2,594 | (1)国・都支出金 | 21,122 | 22,763 | 1,641 |
| (1)出資金・有価証券 | 192 | 197 | 5 | (2)分担金・負担金 | 2,821 | 2,916 | 95 |
| (2)貸付金 | 677 | 588 | △89 | (3)積立金 | 18,076 | 19,757 | 1,681 |
| (3)基　　金 | 14,830 | 17,092 | 2,262 | (4)基本財産・基金 | 8,421 | 8,682 | 261 |
| (4)基本財産 | 2,241 | 2,231 | △10 | (5)資産形成一般財源 | 149,621 | 151,724 | 2,103 |
| (5)その他 | 12 | 440 | 428 | | | | |
| 資産合計 | 288,674 | 293,911 | 5,237 | 負債・正味財産合計 | 288,674 | 293,911 | 5,237 |

億円でその負債合計4兆915億円の約12％しかないこと，さらに監理団体の株式会社関係を見ると，余剰金がマイナス1,014億円，当年度に155億円の損失を発生させていることがわかる」（同報告書118頁）と，外郭団体の経営状況の悪化が指摘されている。

連結決算でも貸借対照表でも，当該会計諸表の複数年次会計を比較して，収支状況を分析する必要がある。**第29表**は，東京都武蔵野市の平成10年度・11年度の貸借対照表であるが，各費目の増減をみることで，当該自治体のストック財政の状況がわかる。

## 2　連結決算と外郭団体再建

自治体が，連結決算を作成しても，問題は作成だけでは，外郭団体の赤字額が予想以上に大きいとの，警告的指標を示すだけの効果しかない。しかも連結決算は全体としての収支状況を算出しているが，そこから外郭団体の経営改善への処方箋は，別個に作成しなければならない。

第1に，自治体財政にとって，一般会計の財政診断よりも，外郭団体財政の経営診断が重要である。しかし，当該自治体で連結決算を試算しているにもかかわらず，外郭団体の経営診断評価すらなされていない場合がある。

近年，全国で唯一の赤字再建団体であった福岡県赤池町の場合も，再建団体の申請のときの財務状況は，一般会計の赤字4億円に対して，土地開発公社の赤字が24億円と巨額である。基本的には，外郭団体の経営戦略が欠落しており，連結決算をしても対応策を策定しなければならない。

第2に，連結決算を実施しても，各会計間の財政依存・支援状況を，連結決算から読みとることは容易でない。したがって一般会計を中心とした，財政関係を政府間財政関係と同様に，別個に作成し補足説明する必要がある。

一般会計と外郭団体経費との関係は，実際はさらに複雑な支援措置がとられている。業務委託・ビル入居・職員派遣などは，連結決算では浮上しない関係であるが，資金面では低利融資，債務保証・出資金などである。これら

の措置が,財政支援措置か事業経営ベースの措置か,明確に区分できないので,実質的には過剰支援で粉飾決算となりかねないのである。

実際一般会計と外郭団体間の財政支援・債務関係は,フロー会計ベースとなるので,不明確のままである。しかも複雑に負担・支援が交錯しているので,別途,**第30表**にみられるように算出されている。

第30表 東京都監理団体に対する財政支出状況 (単位 億円)

| 区 分 | 9予算 | 10予算 | 11予算 |
|---|---|---|---|
| 補 助 | 886 | 850 | 867 |
| 貸 付 | 411 | 529 | 459 |
| 委 託 | 1,470 | 1,337 | 1,416 |
| 合 計 | 2,767 | 2,716 | 2,741 |

資料 東京都『財政再建推進プラン』

ただ事務事業委託が,財政支援といえるか問題がある。東京都の外郭団体に対する経営支援は,事業規模は約6,300億円程度と推計でき,事業規模と財政支援との比率は44%となる。

後にみるように外郭団体と一般会計の関係は,貸借対照表・連結決算書でも,曖昧な状況でしか把握できない。大阪府の場合も,**第31表**にみられるように,補助金・委託料・無利子融資・出資金などさまざまの形態でなされる。したがって一般会計との会計間関係は,別途整理が必要なのである。

第31表 大阪府外郭団体の状況 (単位 百万円)

| 区 分 | 売上高・事業収入 支出額 | 累積損益・基本金等を除く正味財産 | 単年度収支・正味財産の増減 | 府の財政支出 | | |
|---|---|---|---|---|---|---|
| | | | | 府補助金 | 委託料 | その他 |
| 企業会計外郭団体 | 252,831 | △4,705 | △4,253 | 3,716 | 26,148 | 151,095 |
| 公益会計外郭団体 | 99,910 | 20,982 | 2,057 | 5,911 | 20,802 | 6,475 |
| 合 計 | 352,741 | 16,277 | △2,196 | 9,627 | 46,950 | 157,570 |

第3に，連結決算は，これら外郭団体・公営企業会計の経営健全化のための公会計表であり，各会計の健全化計画を作成する必要がある。

　さらに近年は，アウトソーシングのように自治体会計外の業務の委託化がすすんでおり，基金関係もふくめて自治体行財政の連携・協定型処理がすすんでいることを認識し，対応策を考慮する必要がある。すなわち外郭団体業務の民営化問題である。

　自治体財政にとって，土地開発公社だけでなく，一般の外郭団体の経営赤字も，なんらかの切開手術が必要な事態となった。連結決算方式が，このような外郭団体の経営健全化にどれほど寄与できるかである。

　外郭団体に対する会計処理も，次第に整備されつつある。大阪府は第31表にみられるように，外郭団体全体の決算書を，企業会計と公益会計とに区分され作成されている。

　地方財務会計にとって新しい問題は，このような外郭団体支援のため，一般会計から措置がなされだしたことである。

　ただ外郭団体の支援は，赤字事業へのムダな支援とならないように，一定の外郭団体経営診断のもとに展開されなければならない。第32表のように，事業内容・性質におうじた，収支の分岐点を設定し，たとえば3年以上，経営赤字が発生する場合は，整理・統合などの措置をとるなど，戦略ビジョンをもって対応すべきである。

　外郭団体の経営については，単に連結決算を導入したから，解決する問題でないが，公会計導入をつうじて，企業会計的発想を浸透させていけば，自治体経営も公共性にあまえて，無謀な投資をするようなことは，次第に減少していくであろう。

　企業会計化の真価は，このような外郭団体の経営戦略において，実証されなければならない。いいかえれば会計諸表を作成して，より多くの外郭団体が赤字になり，より多くの外郭団体が経営破綻するようでは，公会計化の実益が疑われるのである。

　すなわち外郭団体が赤字法人であることが問題ではない。本来，経営効率

第32表　外郭団体の経営診断

| 区　　分 | 不動産型（収益事業） | 施設型（公益事業） | サービス型（非収益事業） |
|---|---|---|---|
| 収支診断 | 独立採算制 | 減価償却前黒字 | 経常収支黒字 |
| 経営支援 | 無利子融資 | 施設借上 | 委託事業 |
| 組織解散 | 民事再生法 | 売却・公営化 | 廃止・再編成 |

化によって赤字額が縮小できるのに，税金で損失の穴埋めを当然視し，延命策を弄してムダの制度化をひきづっていることである。

　企業会計化は，従来の自治体のこのような対応を，会計諸表からの診断で的確な処方箋をえがいていく，姿勢の変化をもたらすことにある。企業会計化は，自治体をして第8図のように，明確な経営戦略を採用させることにある。

　第1に，破産方式であり先にみたように自治体が，債権を放棄する方式である。第三セクター方式の開発事業にみられる典型的ケースであるが，自治体が，第三セクターの債務補償をしていると、債務返済義務が発生する。

　第2に，資産売却方式である。公共宿舎などであるが，債権債務を引継ぎ，従業員も継続雇用してくれる条件では不可能で，自治体が何らかの条件を提示しなければならない。極端な場合は，無償譲渡となる。

　第3に，公有化方式であるが，いわゆる公立民営方式で外郭団体の官庁方

第8図　外郭団体の再編成

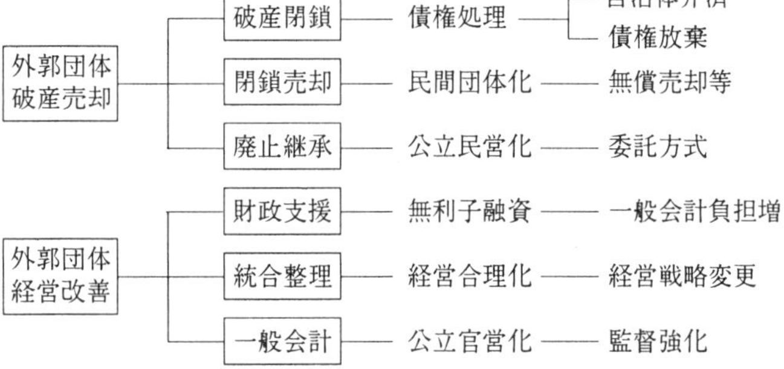

```
                  ┌─ 破産閉鎖 ─ 債権処理 ─┬─ 自治体弁済
外郭団体          │                        └─ 債権放棄
破産売却  ────────┼─ 閉鎖売却 ─ 民間団体化 ── 無償売却等
                  └─ 廃止継承 ─ 公立民営化 ── 委託方式

                  ┌─ 財政支援 ─ 無利子融資 ── 一般会計負担増
外郭団体
経営改善  ────────┼─ 統合整理 ─ 経営合理化 ── 経営戦略変更
                  └─ 一般会計 ─ 公立官営化 ── 監督強化
```

式では，予期した経営効率化を図っていくことができなかったので，委託方式によって全面的に民間経営のメリットを発揮していく方法である。施設自体は立地条件もよく，経営だけが難点がある場合，民営化で経営再建が可能となる。

　第4に，財政支援方式である。現状の方式はそのままにして，補助・基金・資本金などで支援するシステムである。地方ローカル線の場合はこの方式であり，開発事業として業務ビルも該当する。

　第5に，経営改善方式である。経営者の交替，給与体系の変革，営業方針の転換，類似団体との統合である。一般会計の文化施設でも少子化がすすむと，たとえば動物園・水族館などの入場者の低下がおこるが，公共サイドの対応は鈍いし的確でない場合が多い。

　ただ外郭団体の場合は，民間との競合が発生する。たとえば公共宿舎・余暇施設では，自治体は廃止かカンフル的支援か抜本的再建策で競争力強化か，といった方針転換が迫られる。

　第6に，一般会計化である。設立の方便として外郭団体化したが，運営面では監督が不十分であり，却って一般会計より非効率となった場合である。公共性の性格が強い施設は，同種の施設と統合して，一般会計の枠組みのなかで事業部門の外部委託方式を活用して効率化を図っていく方法が考えられる。

　経営改善・再編成は，早期実施のほうが被害額はすくない。自治体が，面子にこだわり，事業廃止をさきにのばして，損失額をさらに大きくしている場合が多い。

　しかも外郭団体の財政再建は，日韓高速船・泉佐野エコポリスなどの破綻から，次第に変化していった。すなわち外郭団体は自治体が，債務保証・損失補償をしていないかぎり，普通の株式会社と同様に，当該，第三セクターの債務弁済能力の限度で借入金などの債務を弁済し，債務不履行そして破産もありうるという傾向になった。

　自治体の企業会計化は，会計諸表による経営分析にもとづいて，外郭団体

などの事業経営戦略を企業なみに廃止・売却・再建などの経営を展開しだしたことである。そしてこの対応策は，一般会計の事務事業の整理統合にも十分に適用できるのである。

### 3　自治体の事業別会計

　自治体財政が，特別会計，地方公営企業，外郭団体など，一般会計とは別個の多くの会計を設定してきたのは，それぞれ事務事業にふさわしい事業形態を設立し，事業経営の効率化をめざしたからである。

　しかし，このような特別会計化は，自治体財政の総合化を崩壊させ，財政運営を破壊するおそれがあるとして歓迎されなかった。しかし，連結決算方式が定着し，自治体財政の総合化が確保されるにいたり，特別会計・独立法人方式は積極的に導入すべきシステムとなる。

　地方財務会計の企業会計化は，会計諸表作成が当面の目的であっても，このような企業会計化の合理的システムをベースに，自治体行財政の適正化への全面的改革が最終的目標である。

　官庁会計の欠点は，費用算出だけでなく，基本的には官庁予算にある。現在の予算は，目的別・性格別・事業別のいずれでもない。総合的予算システムであるが，この欠点を治癒する方式の1つが，事業別会計の採用である。

　第1に，事業別会計を予算制度として設定することで，神戸市のように公営住宅会計を設定している。阪神大震災で2万戸の公営住宅を建設したので，一般会計処理では赤字補填額がわからないので，住宅管理の非効率化をもたらすからである。

　しかし，このような特別の事情がある場合は別として，文化事業・保育所事業・区画整理事業などの事業ごとに，特別会計を創設することは事実上は不可能である。それは自治体会計の総合性を，崩壊させてしまうからである。したがって仮定上の事業別会計を，個別の部局，事業所などで設定していくことになる。

なぜなら事業別会計といっても，住宅・教育・福祉といった部局別会計ではすまなく，さらに詳しい会計が必要となるからである。たとえば個々の保育所・学校給食事業費を算定して，一人当りの行政コストが，いくらかを算定していかなければならないからである。

　第2に，事業別会計を設定する必要性は，正確なコストが現在の予算・決算書からは，算出できないからである。たとえば保育所費をみても，用地費・公債費は除外されており，運営費しか計上されていないからである。

　これでは利用者の負担率を，算定することはできないのみでなく，官民比較もできない。民間施設は，用地・施設も自前であり，正確な対比は建設費もふくめた，比較でなければならない。

　第3に，事業別予算は，現在の予算項目・経費の横断的費用である，人件費・地方債・施設費などを，目的別に再編成することである。第33表にみられるように，担当部局で事業目的ごとの横断的事業予算を再編成することになるが，それほど面倒な作業ではない。

　したがって実務ベースでは，保育所財政として，別途に計算してストック

第33表　事業別会計の作成

| 費　目 | 計上費目 | 民生費 | 土木費 | 教育費 | その他 | 合計 | 備　考 |
|---|---|---|---|---|---|---|---|
| 補　助　金 | 各事業会計 | 500 | 1,000 | 400 | 100 | 2,000 | 道路財源算入 |
| 交　付　税 | 総務費 | ※200 | ※300 | ※300 | ※50 | 900 | |
| 事業収入等 | 各事業会計 | 200 | 100 | 50 | 50 | 400 | 会計処理総務費 |
| 歳入合計A | | 900 | 1,400 | 750 | 200 | 3,300 | |
| 人　件　費 | 総務費 | 1,500 | 500 | 1,500 | 500 | 4,000 | 退職金手当なし |
| 地　方　債 | 特別会計 | 100 | 1,500 | 100 | 100 | 1,800 | 利子支払費なし |
| 施　設　費 | 各事業費 | ※100 | ※1,000 | ※100 | ※100 | 1,300 | 減価償却費なし |
| 歳出合計B | | 1,700 | 3,000 | 1,700 | 700 | 7,100 | |
| A=B 一般財源補填 | | 800 | 1,600 | 950 | 500 | 3,850 | |
| 補填率 | | 47% | 53% | 59% | 71% | 54% | |

注　※は官庁会計予算では，いずれも予算項目でも計上されない。

費用も算入された実質的コストを算定している。支出だけでなく歳入も，地方税・交付税・補助金・利用料などの財源内訳が，明確に計上されていなければならない。なお地方債は，最終的には一般財源負担である。

### 4 事務事業の公営企業会計化

　現在の総合予算制度を，個別の事業会計に分解することは，当該事務事業の収支をみるうえで参考になるが，このような個別事業の算定を，より本格的に実施したのが，特別会計化・公営企業化である。
　官庁会計の体質的欠陥は，公会計化を収益化への手段との偏見が根強いことである。地方財政の公会計化は，行政サービス収益化ではなく事業収支を明確にし，行政サービスにおける費用負担の公平化を図っていく手段である。
　さらに各事業における一般財源負担の比率を，その行政サービスの公共性から判別して，政策決定していくための行政コスト分析である。たとえば地方公営企業における企業会計化も，一般財源投入は負担区分の原則にもとづいて注入されている。
　すなわち企業会計化は，地方財政における費用負担・費用便益分析を導入するためのシステムであり，行政サービスの収益化の策謀とみなすのは，まさに大いなる錯誤である。
　たとえば公会計化にもとづく事業別会計の効用はなんであるか，第1に，費用効果の原則を事務事業に反映させるために必要である。第2に，職員のみならず市民にも，行政コスト意識をもってもらうことである。第3に，市民に対する事業の説明，すなわちアカウンタビリティのために必要である。第4に，施策の選別・選択，政策形成の最適化のために必要である。第5に，予算編成の改革，人事評価の改革，行政運営の目標管理のために必要である。
　このような事業別会計の要請は，都市政策の戦略手法としても有効である。たとえば環境事業（ごみ・廃棄物処理）がある。ごみ事業は**第34表**にみられるように，交通・水道・病院事業と同様に，公営企業形態での運営がふさわし

いという収益性・有償性の経営環境が,形成されつつあるのではなかろうか。

　第1に,今後,事業系ごみのみでなく,家庭系ごみについても有料化を導入していこうとすると,ごみ事業の収支が明確でなければならない。市民に受益者負担を求めていこうとすると,事業会計方式にしておくことがのぞましい。

　第2に,容器包装リサイクル法などで,今後、製造者・販売者などに原因者負担を強化していこうとすると,ごみ処理コストなどが適正に会計処理されていなけれならない。

　一般会計方式では,コスト分析ができないので,ごみ行政そのものの運営改善は断念しなければならない。ごみ行政にかぎらず,官庁方式は会計システムの不備をそのままにして,行政運営の改善に対応しているが,それでは減量経営の域をでない。結局は人件費の削減、民間委託の推進などの措置がとれない。

　第3に,ごみ事業は,警察・教育・防災などの行政とことなり,住民サービスとして受益者負担の適用が可能なサービスであり,病院・下水サービスなどと,同類のサービス事業とみなすべきである。

　ごみ収集有料化の決定的要因として,有料化の減量再資源化へのインセンティブがあげられる。したがってごみ有料化の論争も,次第に有料化と減量化の関連性へとスライドしつつある。

　第4に,ごみ事業が拡大していくにつれて,ごみサービスを効率的に運営していく要請は強まってくるが,一般会計方式よりも企業会計方式のほうが,効率的運営システムをつくりやすい。

　ごみ事業は,一般会計方式で処理されるのがベストとはいえない。むしろ下水道事業が公営企業方式であることを考えると,ごみ事業は企業方式で行っていっても問題はない。

　ごみ収集サービスの場合は,**第34表**のように多彩な料金収入・事業収益が想定され,すくなくとも運営サービスにおいては,特別会計などの採用が望ましい。

第34表　ごみ事業の公営企業会計

| 手数料収入 | ﾃﾞﾎﾟｼﾞｯﾄ・課徴金料 | ごみ事業収益収入 | 施設整備収入 |
|---|---|---|---|
| 家庭系ごみ収集手数料<br>事業系ごみ収集手数料<br>粗大ごみ処理手数料<br>搬入ごみ処理手数料<br>埋立ごみ処分手数料 | ﾍﾟｯﾄﾎﾞﾄﾙﾃﾞﾎﾟｼﾞｯﾄ料<br>家電製品ﾃﾞﾎﾟｼﾞｯﾄ料<br>塩ﾋﾞ製品ﾃﾞﾎﾟｼﾞｯﾄ料<br>その他ﾃﾞﾎﾟｼﾞｯﾄ料<br>未処理廃棄物過懲金 | 資源ごみ売却収入<br>ごみ発電売却収入<br>ごみ堆肥売却収入<br>道路舗装材売却収入<br>搬入処分料 | 国庫補助金<br>地方債<br>一般会計繰入金<br>使用料・手数料<br>その他 |

　第5に，公営企業化は，必ずしも独立採算制を意味しないと解釈すべきである。現在の地方公営企業をみても，実質的に独立採算制を維持しているのは，独占事業である水道事業ぐらいである。交通事業は当初から，一般会計の財政支援を費用負担区分の原則で予定している。下水道事業は，本来的に独立採算制は無理であり，行政経理の面からの公営企業化にすぎない。

　公営企業制導入の意義・効果をどこに求めるかであるが，独立採算制による一般会計の財政負担の軽減・行政サービスの受益者負担化といった，費用負担区分にもとめるより，会計制度・運営形態の事業方式化による，行政運営の効率化，都市政策機能の促進化にもとめるべきである。

　公営企業化によって，事業者・市民・市町村の費用負担関係を明確にして，適正な負担システムを形成すること。そして内部運営的には，人件費・施設費の適切な運営・投資を，遂行し，外部経営的にはごみ処理における拡大生産者責任を追求していくために，行政コストの分析が，十分に行われるシステムになっていなければならない。

　この点，日本では従来の公営企業の独立採算制による行政サービスの収益化，住民負担の強化というイメージが焼き付いてしまっているが，公営企業化は必ずしも独立採算制を強要するものでない。事実、下水道事業にみられるように費用負担・運営効率の適正化の必要性から，ごみサービスにおいても導入を検討していくべきである。

　なお近年は，このような事業別会計にとどまらず，目的別の会計処理の必要性も指摘されている。たとえば千葉県白井町・新潟県上越市などが，ＩＳ

第35表　富士通環境会計の費用・効果　（単位 億円）

| 費　用　項　目 | 金　額 | 効　果　項　目 | 金　額 |
|---|---|---|---|
| 大気汚染などの防止費用 | 78 | 環境活動の工場への貢献額 | 58 |
| 環境ISOなどの規格対応費 | 26 | エネルギー費削減分 | 9 |
| リサイクルの費用 | 20 | リサイクル品などの収入 | 41 |
| 省エネ対象費 | 9 | 住民補償などのリスク回避額 | 41 |
| 環境対策の研究開発費 | 3 | 環境ソフトなどの販売貢献額 | 7 |
| 社会貢献費や情報公開費 | 5 | 電子化など環境活動効率化分 | 16 |
| ダイオキシン対策など | 6 | 専門家養成など社内教育貢献 | 5 |
| 合　　　計 | 147 | 合　　　計 | 182 |

資料 平成11年6月8日 日本経済新聞。

○14001の資格を取得し，環境計画にもとづく環境効果の実績をあげている。当然，このような動きは，民間企業とおなじように，第35表にみられるように，環境会計の設定へと移行していくことになろう。

　さらに自治体では，埼玉県所沢市・愛知県春日市などは，市民に環境家計簿の記入を呼び掛けている。電気・ガス・水道・ガソリンなどの消費で，各家庭がいくら二酸化炭素を排出しているか算出し，節約目標を設定していくことが狙いである。

　札幌市は市自身が，平成5年のリオデジャネイロ地球温暖化防止会議で採択された，行動計画をうけて，「ローカルアジェンダ21（21世紀に向けて地域がとりむ課題）さっぽろ」という行動指針を決定している。具体的には市民の時差出勤，公共交通の利用などである。

　すなわち自治体会計の公会計化は，官庁会計の企業会計化という，会計システムの問題でなく，公会計化を契機，そしてベースとした，自治体行財政改革のエネルギーをそのに見いだすことである。

# V 公会計の発展的活用

1　ベンチ・マーク方式の効用

　地方財務会計の企業会計化は，企業会計をベースにして，行政コスト分析，行政評価システムなどに発展させ，さらにベンチ・マーク方式などへの展開が期待される。

　行政評価システムのうち，行政コストにもとづく事務事業評価を目的とする行政評価に対して，行財政の努力目標を設定し，如何にして達成するかの目標管理システムが，ベンチ・マーク方式である。

　ベンチ・マーク方式は，個別の事務事業コスト分析とは，異質で行財政の努力目標を設定し，その目標に如何にはやく，効率的に到達するかの，指標にもとづく行政誘導システムである。

　ベンチ・マーク方式は，手法としては幼稚であり，単純な数値にすぎないが，実際的な効用としては，机上演習的な公会計作成とか，行政委員会の報告書とか，市民オンブズマンの不正摘発よりは，大きな効果を発揮する可能性を秘めている。

　行政評価方式には，2種類ある。1つは，行政目標を指標化し，その達成度を評価するいわゆるベンチ・マーク方式である。日本ではシビル・ミニマムにもとづく，生活環境基準などの行政目標数値の達成度測定方式が該当する方式である。

　あと1つは，事業評価方式で，行政活動を評価する数値を算出し，評価基準にもとづいて選別・選択化をする方式で，事業・施策・政策評価の3つの方式がある。

　第9図のように，2つの行政評価は異質であるので，行政評価の実施においては，区別して導入すべきである。ベンチ・マーク方式は，4つのタイプが考えられる。説明は省略するが，要するに自治体は，行財政改革においてもっとも効果的で算出可能な指標を導入して，ベンチ・マーク方式にもとづく行財政改革の誘導目標を設定する。

第9図　行政評価システムの類型

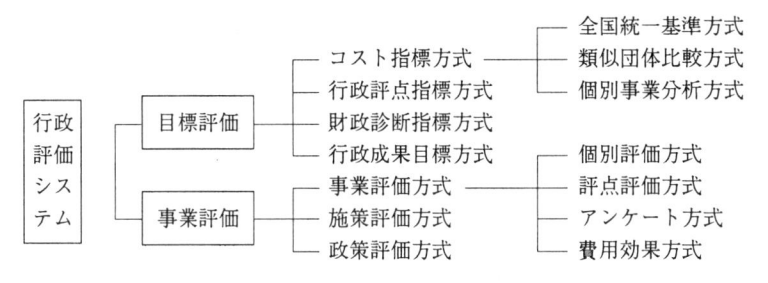

```
                    ┌─ コスト指標方式 ──┬─ 全国統一基準方式
           ┌ 目標評価┤  行政評点指標方式  ├─ 類似団体比較方式
行政       │        │  財政診断指標方式  └─ 個別事業分析方式
評価       │        └  行政成果目標方式
システム ──┤        ┌─ 事業評価方式 ───┬─ 個別評価方式
           └ 事業評価┤  施策評価方式    ├─ 評点評価方式
                    └  政策評価方式    ├─ アンケート方式
                                      └─ 費用効果方式
```

　ベンチ・マーク方式は，常識的には自治体財政への効果は，少ないとみなされている。しかし，自治体財政において，ベンチ・マーク方式は大きな歴史的成果を発揮したのである。

　第1ステージは，昭和40年代のシビル・ミニマム方式である。当時，きわめて低い水準にあった福祉水準のかさあげを，図っていくために導入された生活環境基準指標などである。もっとも卑近な事例は，65歳以上高齢者医療費公費負担措置である。

　公害規制基準の設定，下水道普及率の目標設定，全員保育の実施など，あらゆる行財政分野にわたって導入された。その結果，自治体財政の悪化を招き，シビル・ミニマム方式は頓挫するが，その功罪は相半ばするであろう。

　第2ステージは，昭和50年代に導入されたラスパイレス指数の注入である。シビル・ミニマム方式は地方財政の膨張をまねき，48年のオイルショック後の不況によって，財政悪化となった。

　自治体は自己努力でもって，人件費・福祉費を削減していく，自己管理能力を実証すべきであったが，なんらの財政削減措置もとらず，政府に財政支援を求めるだけであった。このような状況は，自治体の無能力，すなわち自治能力の欠落であり，いわゆる準禁治産者といわれても文句はいえない事態となった。

　当時の自治省は，人件費削減のベンチ・マークとして，地方公務員の給与水準と国家公務員給与水準を加重平均で比較した，ラスパイレス指数を発表

した。このラスパイレス指数に対して、算出に科学的合理性がないとか、比較対象として国家公務員は不適とかの非難が浴びせられたが、最終的には全国的統一的ベンチ・マークとしてのラスパイレス指数の正当性を崩すことはできなかった。

第3ステージは、昭和53年6月に発表された、財団法人日本都市センター・都市行財政研究委員会『都市経営の現状と課題』（委員長鈴木俊一）である。この報告書は、官民サービスコストの比較にもとづいて、自治体サービスの民間委託を推進すべきとの根拠としてのベンチ・マークを提供した。

官民比較としてごみ収集・学校給食コストは民間が3分の1という刺激的ベンチ・マークを発表した。当時、この官民比較の数値について、さまざま批判が浴びせられたが、自治体財政の現場では、民間委託が進行していった。行政サービスは、コストだけでは選別できないが、まずコスト比較をし、ついで行政サービスの質の比較という順序をたどるべきである。

これら3つのベンチ・マーク方式は、批判はあるが、地方財政に大きな影響力をおよぼした。そして今日においても、地方財政改革のガイドラインとして、機能を発揮している。自治体は行政コスト分析とともに、ベンチ・マーク方式を再評価し活用すべきである。

第1に、行政コスト分析は、たしかに事務事業の選別基準を設定するが、当該自治体の事業別の行財政目標を設定し、行財政戦略を練り行財政努力を促進する効用は、ベンチ・マーク方式に劣る。近年の地方政治におけるマニフェストも、政治的ベンチ・マーク方式の応用である。

今日、財政診断システムが、自治体に導入されつつあるが、マクロ分析であり、インパクトが弱いという欠点がある。そこで行財政コスト分析という、鋭利なメスによる、行財政分析・評価を実施し、自治体改革の突破口を開く戦術を採用したのである。そして、自治体の行政コスト分析を発展させて、事業推進の誘導エネルギーの刺激剤とすべきである。

第2に、要するにベンチ・マーク方式は、自治体行財政において十分に開発され適用されていない。ラスパイレス指数は、官公比較であり、官民比較

は実施されていない。自治体では人事委員会の官民給与比較があるが,行政職の比較である。サービス部門の給与実態は,分析対象から除外されている。ごみ・保育所・学校給食など,官民給与比較は制度としてはなされていない。

また都市行財政研究委員会の官民コスト比較は,自治体行財政運営に大きな影響を与えたが,その後,分析・評価システムは,停滞を余儀なくされている。昨今,財務省・総務省などで,コスト分析が試みられているが,コスト分析が行財政改革へ連動するだけのインパクトを,引き出す戦略が欠落している。

第3に,ベンチ・マーク方式のもつ市民への自治体責務の明示効果を見落してはならない。行政コスト分析の多くが,自治体内部の行財政の手直しですまされるが,ベンチ・マーク方式は,自治体が外部にむけて発信した行財政努力目標である。

このように自治体会計の企業会計化も,ベンチ・マーク方式まで発展することによって,はじめて内部管理の域から,外部の政策的政治的効果を狙う次元へと変貌していくのである。

## 2 公会計システムと民主化・科学化

官庁会計の企業会計へのコペルニクス的転換は,今や重要課題として認知されつつあるが,官庁会計の改革は,会計制度としての改革だけでなく,財政運営の民主化・科学化という地方自治運営の基本的原則からの改革も迫られているのである。

第1に,現在の自治体への公会計導入目的は,自治体行財政運営の「科学化」にある。自治体行財政を,行政コスト分析,費用効果分析,行政評価システムなどで,3Eの原則で処理していこうとすれば,前提条件である自治体会計が,企業会計化されていなければならない。

公会計の実益性を図っていき,簡単で労力のすくない会計分析手法を開発して,事務事業の選別などに有効な会計指標をどう算出していくのか,公会

計機能の開発が迫られているのである。

　公会計システムの直接的目的は，より具体的で単純な目的であり，最終的目的はマクロの財政運営の安定化，市民統制の実効化である。

　イギリスでは地方財政法が1982年に改正され，1983年4月1日に新しい監査制度が発足し，監査は従来の伝統的な合規性・財務監査（会計監査）にくわえて，新しくＶＦＭ監査が導入された。いわゆる3Ｅ監査で，経済性(economy),効率性(efficiecy) 有効性(effectiveness) である。

　第2に，自治体公会計導入の目的，行財政運営の「民主化」のためである。現在の官庁会計では，市民は自治体財政の実態は，官庁会計で粉飾・カモフラジューされ，市民は統制の手段がない状況におかれている。

　後にみるように，財務会計の情報公開をベースにして，市民コントロールが実効性をもつようになるには，公会計化が前提条件となる。地方財務会計におけるアカウンタビリティの注入が，必須の情勢となりつつある。

　第3に，公会計導入の目的は，自治体会計の民主化・科学化を契機として，「行財政改革」の誘発効果の導火線とり，自治体改革の推進力となる効果である。

　会計方式によって，自治体財政運営の効率化に寄与し，財政破綻を未然に予防する機能をどう発揮し，さらに公会計処理によって，自治体が市民へのアカウンタビリティを尊重するシステムに変革していく機能が期待されている。

　ただ公会計の機能を過大評価すべきでなく,地方財政指標診断方式との調整・融合がのぞましい。自治体財政における経常収支分析は，ナンセンスとの批判もあるが，まずフローで単年度の収支が算出され，その欠点を補完する機能として，ストック・長期財政診断が，公会計で処理されるのである。

　地方財政指標がもつ分析指標としての簡便性は,公会計化でも代替できない。また企業会計方式とて，会計指標をどのように駆使しても，完璧な診断指標を作成することはできない。公会計の特殊性をふまえた，第2次的財政診断が必要である。

自治体会計でも企業会計諸表が作成されているが,あくまで公会計診断の第1歩にすぎず,公会計の独自性による会計診断指標を考案しなければならない。

　要するに会計的原則を原則どおり遵守するより,公会計にもとづく戦略的適用を誤らないことである。ストック会計の評価でも,土地評価は,固定資産税評価額の2倍とか,みなし評価方式を導入するなど,便宜的方式を採用していくのが望ましい。

　連結決算においても,会計方式にもとづく連結決算が作成されても,各会計間の貸借は,別途,作成していくことになる。すなわち公会計化として会計諸表が作成されれば,目標が達成されたとはいえない。

　自治体財務会計の公会計化は,会計学者が主導権をもって,企業会計の適用として実施されている。しかし,公会計化が成功するには,官庁会計と企業会計との異質性を十分に認識した会計諸表でなければならない。

　ことに地方財務会計改革の焦点は,官庁会計の民主化にある。日本における地方公会計システムの未発達は,官庁会計のアカウンタビリティの欠落の結果現象であり,地方行財政制度そのものの欠陥である。

　第1に,地方税の税率は,全国的に標準税率で統一され,行政サービスと無関係である。もし欧米のように,個々の自治体の行政サービスの水準によって,地方税の税率も変化するメカニズムが作用するならば,市民も自治体財政運営や行政サービスコストに関心をもつことになる。

　第2に,自治体財政における致命的欠陥は,住民投票制がないことである。したがって市民は,有効感ある市民参加ができないのである。市民オンブズマンの活躍はめざましいが,当該自治体の行財政コストとか行財政運営の財務分析をベースにしたものでなく,個別の不当・違法支出をターゲットにしたものである。

　第3に,自治体の地方財務データの情報公開も不十分であり,市民が財務データで,自治体を統制することは容易でない状況にある。その原因は,自治体が公会計におけるアカウンタビリティの認識が希薄であり,公開の制度

的強要が不十分であるからである。

　地方財政において現在，減量化・効率化・システム化が迫られている。減量化は奨励されるべき方法ではないが，財政収支が悪化している以上，財政破綻を回避するためには，自治体として導入せざるをえない即応的対応である。

　しかし，自治体財政が，減量化だけで収支均衡が，達成される保障はない以上，財政運営におけるサービス・投資の効率化，供給システムの変革を追求していかなければならない。

　問題は，今日自治体財政は，このような減量化・効率化・システム化が迫られているにもかかわらず，自己改革の歩みが遅く，意欲が弱いことである。要するに自治体の自発的改革の意欲が薄い以上，自治体改革を促す外圧・内圧が不可欠なのである。

　自治体財政への外圧としては，第10図にみられるように中央統制による指導・監督・監査などにくわえて，財政支援措置をからめた補助金・交付税削減などが実施される。一方，市民統制としては，外部監査・情報公開・監査請求など，市民オンブズマンの活躍など，さまざまな統制措置が加えられている。

第10図　自治体統制の構図

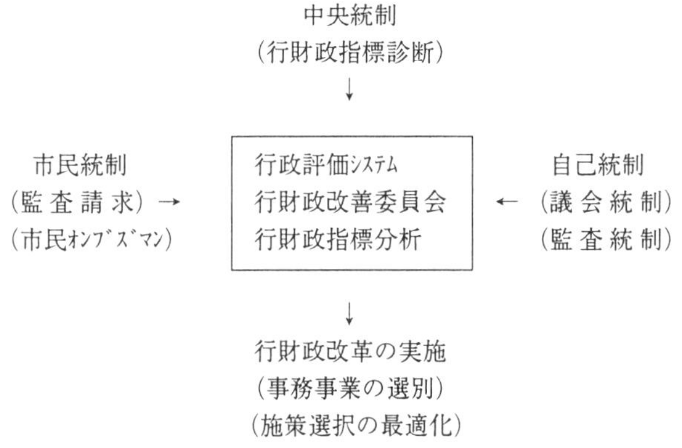

```
              中央統制
           (行財政指標診断)
                 ↓
  市民統制     ┌─────────┐    自己統制
 (監査請求) → │行政評価システム│ ← (議会統制)
(市民オンブズマン)│行財政改善委員会│  (監査統制)
              │行財政指標分析 │
              └─────────┘
                 ↓
            行財政改革の実施
           (事務事業の選別)
           (施策選択の最適化)
```

このような外圧に対応して、自治体の自己統制も動きだしつつある。たとえば行財政改革委員会による減量経営の実施、行政評価方式による事務事業の見直しなどである。
　しかし、自治体財政運営の現実は、自己努力の成果はあがっていない。たとえば経常収支比率が100ポイントをこえる自治体でも、規定の給与・退職金を支払い、そのため経常収支100ポイントをこえたままである。
　今日の自治体財政の現状は、中央統制・市民統制も既存の統制手法を使いきり、自治体改革への決め手を欠いたままである。また自己統制も行政評価システムも、減量化の手段としては利用されているが、効率化・システム化への手法としては利用されていない。
　昨今では、自治体改革とはいえない、国税庁の税務査察とか、市民オンブズマンの不正摘発など、インフォーマルな手段が目立つようになった。
　自治体改革は、閉塞状況にあり、新しい活路を見いだす緊急の状況にある。その1つとして導入されたのが、企業会計の導入であるが、今日まで顕著な成果をみていない。むしろ企業会計導入は、行財政改革の外部への粉飾的証明手段として利用されているか、自治体の知的遊戯の域をでないのである。
　また一方、自己改革をうながす方策として、行政評価方式が導入され、行財政運営への処方箋を描きつつあるが、改革へ不感症となった自治体へのインパクトが弱い。
　官庁会計方式であれ企業会計方式であれ、自治体の財政運営には、それらの数値は、多方面で利用され、自治体行財政運営における評価・選別基準として、活用されなければならない。
　第1に、官庁会計は、民間企業会計とはその存在理由・機能もことなるので、企業会計化だけを、先行させても無意味である。公会計を導入するにしても、1つは、正確であるが、簡便な方法で算出できなければならない。2つは、市民など外部が理解しやすい指標でなければならない。3つに、誘導効果が期待できる、説得性のある指標でなければならない。
　行政コストの算出は、ある意味では簡単であるが、自治体が事務事業選別

指標として十分に活用する意欲をもつことである。さらに自治体が，ベンチ・マーク指標として適用していく，政策的センスを磨いていくことである。

たとえば公営住宅の場合は，単なる官民比較はナンセンスである。しかし制度改革によって民間住宅借上方式にもとづく公営住宅方式が可能となったので，比較するのは官民比較より，直接的公営住宅か間接的公営住宅かがターゲットとなる。

それは単なるコストのみでなく，住宅立地性，住民管理費などからみて，圧倒的に民間住宅借上方式がすぐれているであろう。ベンチ・マーク方式は，行政による政策方向の設定であるが，この設定が行政の独善的な設定か，指標の最適選択であるかは，行政コスト比較の実効性を左右することになる。

第2に，現在の官庁会計である，予算・決算システムをどうするのかである。方向としては，1つは　官庁会計の枠組みのなかで，事業別予算・決算制度などを導入していく方式である。2つは，官庁会計の枠組み外で，貸借対照表とか連結決算などの方式を作成して，予算・決算の付属資料とすべきである。

第3に，公会計の企業会計化が，独自の機能を発揮することは，その会計諸表をどう活用するかであり，会計諸表の作成だけで効果をもたらすものでない。したがって会計諸表にもとづいて，自治体が行政評価とか財政診断とかとの関連で会計諸表を活用していくべきである。

もっとも典型的方法は，貸借対照表・損益計算書などから，財政運営の指針を策定することで，財政指標方式より正確で適正な処方箋が描けるはずである。

第4に，公会計におけるアカウンタビリティとしては，公表は当然として，実際の財政情報の公表において活用されなければ意味がない。

たとえば財政再建計画でも，官庁会計方式で行われているが危険である。民間方式の財政分析でもって補正して，計画を作成しなければ，財政赤字も圧縮され，粉飾計画となる恐れがある。

第5に，公会計の機能は，合理的なコスト計算にもとづいて，行政コスト

を算出し，公表することにある。しかし行政コスト計算の公表が，行政サービスの効率化へのインセンティブとして機能するには，行政目標としてのベンチ・マークと連動していることがのぞましい。

公会計の合理的効果的処理は，自治体改革のみでなく，政府間財政関係，地域分権化推進など，地方自治のあらゆる改革のベースとなる。なぜなら公会計化によって公共投資の費用効果，行政サービスコスト分析などの算出・提示によって，自治体の政策選択の誤りを明確にし，中央政府にも責任追求することが可能となるからである。ある意味では財務会計の改革は地方分権も，地域民主化も財政再建のないのである。

## 3 財務会計改革の方向

地方財務会計制度は，古色蒼然たる状況にあり，企業会計化によって体質改善をめざし，その改革ビジョンを明確にもっていなければならない。

第1に，今日まで財政運営において，財務管理の領域は，軽視されてきたので，財務運営の水準は低い。しかし政策選択の最適化のためには，財務会計制度が事務事業の実態を，正確に反映するものでなければならない。

第2に，自治体の財政運営が，管理運営から政策運営へとレベルアップするには，財務会計制度・会計責任の概念も，財産や資源の保全の「財務会計責任」(financial accountability) から，資源の効率的使用・管理をめざす「経営的会計責任」(management accountability)，そして資源の投資目的・目標を効率的かつ適切に処理する「プログラム会計責任」(program accountability) へと発展していかなければならない。

第3に，財務会計制度は，単に内部管理の問題でなく，市民参加，自治体経営などの基礎的前提条件であることを認識し，地方財務会計制度の科学化を，早急に断行しなければならない。

第4に，地方財務会計制度は，自治体の行財政運営の"評価基準"である。首長の政治的過剰支出を抑制するバロメータでもあり，また官僚の独善的判

断を抑える牽制装置を保有している。

　自治体のアカウンタビリティは,首長が美辞麗句で住民に説明するのでなく,行財政活動の数値をベースにした業績評価でなければならない。行政目標指標にもとづくベンチ・マーク方式は,その簡単な方式であり,行政評価にもとづく施策・政策評価は,当該自治体の勤務評定である。

　公会計には企業会計にはない,独自の会計要素があり,これらの難点をどうクリアーするかの技術的課題もあるが,政策的にはこれまでの地方財務会計制度は,官僚的管理を温存するために,その目的を意図的に内部会計処理に重点をおいてきた節がみられる。

　財務会計制度もその使命・要求によって,さまざまのシステムで構成され,第36表のように類型化できる。「官庁会計」はまさに官庁内部のしかも財政当局が,財政統制・予算消化のための財務システムである。外部統制とか予算評価のためのシステムとなっていない。個々の事業・サービスのコストの

第36表　地方財務会計の類型

| 種　　類 | 性　　格 | 会計の特質 | 会計の目的 |
|---|---|---|---|
| 官庁管理型 | 予算消化型 | 官庁会計保持 | 予算収支の計算 |
| 企業経営型 | 効率追求型 | 企業会計導入 | 事業収支の検討 |
| 政策選択型 | 事業選別型 | 事業評価会計 | 費用効果の分析 |

出典　高寄昇三『新・地方自治の財政学』勁草書房、224頁

算出すらできないのである。

　「企業経営型会計」は,企業会計方式を適用し,財政運営の安定・効率化をきするが,安易に採用すると,環境・福祉といった非経済効果を無視してしまう恐れがある。さらに個別会計の収支にこだわり,自治体全体としての波及効果が非算入となり,総合収支という戦略的視点が,欠落する危険がある。

　これからは自治体にとって,政策選択の最適化に貢献する「政策選択型会計」が求められる。地方財務会計が,費用効果分析,事業特別収支などの政

策選択の基準を提供し,事業・サービスの総合効果の算出をめざす制度へのレベルアップが課題となる。

地方財務会計の企業会計化は,単に官庁会計の改善でないばかりか,極論すれば企業会計化でもない。企業会計化を実施しても,旧い自治体行財政は微動だにしないかもしれない。むしろ企業会計化をテコにして,自治体行財政改革の有効な戦略手段として,自治体関係者がどこまで活用するかにある。

第37表にみられるように,企業会計化によって自治体行財政の透明・責任性を高め,財政運営における効率・最適化をすすめ,財政安定化に貢献することになる。企業会計化は,自治体改革における,住民投票・情報公開などと同様の改革システムであり,自治体は企業会計化を,管理会計の枠組み

第37表 自治体行財政改革と企業会計化

| |
|---|
| 透明性 → 情報公開・会計諸表作成→外部統制強化・市民参加 |
| 効率化 → 行政コスト・費用効果分析→経費節減・意識改革化 |
| 最適化 → 行政評価・事務事業選別化→施策経営・政策経営化 |
| 責任性 → ベンチ・マーク・目標管理→地域政治・経営改革化 |

のなかで，矮小化しないことである。


【参考文献】

宮元義雄『地方財務会計制度の改革と問題点』昭和38年11月 学陽書房

高寄昇三「新しい財務管理の視点」高寄昇三編『自治体の経営と効率』昭和52年3月 学陽書房

財団法人神戸都市問題研究所編『都市経営システムの開発』昭和53年1月

高寄昇三「地方財務会計制度の改革」昭和53年1月『都市政策』第10号

財団法人神戸都市問題研究所・地方財務会計制度研究会『地方財務会計の改革に関する研究』昭和54年1月『都市政策』第14号

日本会計研究学会・特別委員会報告「公会計の基本問題に関する国際比較」昭和63年

日本公認会計士協会公会計特別委員会編『公会計制度の解説』昭和63年10月　ぎょうせい

石井薫・茅根聡『政府会計論』平成5年6月　新世社

高寄昇三「地方自治体と財務会計」『会計検査研究』平成9年9月参照。

財団法人宮城総合研究所『宮城県企業会計手法導入調査研究報告書』平成11年3月

高寄昇三『自治体の行政評価システム』平成11年6月 学陽書房

石原俊彦『地方自治体の事業評価と発生主義会計』平成11年11月 中央経済社

東京都『機能するバランスシート』平成13年3月

高寄昇三『自治体の行政評価導入の実際』平成12年11月 学陽書房

総務省『地方公共団体の総合的な財政分析に関する調査研究会報告書』平成13年3月

隅田一豊『公会計入門』平成13年6月 ぎょうせい

山本清『政府会計の改革』平成13根7月 中央経済社

日本地方自治研究学会関西部会『公会計の機能と公会計システム』平成14年9月

井出信夫・池谷忍『自治体財政を分析・再建する』平成14年11月 大村書店

高寄昇三「行政コスト分析と事務事業選別基準」『会計検査研究』平成15年9月

[著者略歴]
高寄 昇三（たかよせ・しょうぞう）

昭和9年生まれ
前神戸市市長室参事、甲南大学経済学部教授を経て
現在、姫路獨協大学経済情報学部教授　経営学博士

[著書]
『市民自治と直接民主制』、『地方分権と補助金改革』『交付税の解体と再編成』『自治体人件費の解剖』（以上、公人の友社）、『自治体の行政評価システム』、『地方自治の政策経営』、『自治体の行政評価導入の実際』、『自治体財政破綻か再生か』、『コミュニティビジネスと自治体活性化』（以上、学陽書房）、『地方分権と大都市』、『地方自治の行政学』、『新・地方自治の財政学』、『明治地方財政史・Ⅰ、Ⅱ、Ⅲ』（以上、勁草書房）、『高齢化社会と地方自治体』（日本評論社）、『近代日本公営水道成立史』（日本経済評論社）その他多数。

地方自治ジャーナルブックレット No. 35
## 自治体企業会計導入の戦略

2003年9月30日　初版発行　　定価（本体1,100円+税）

著　者　　　高寄　昇三
発行人　　　武内　英晴
発行所　　　公人の友社
　　　　〒112-0002　東京都文京区小石川5－26－8
　　　　TEL 03-3811-5701
　　　　FAX 03-3811-5795
　　　　Eメール koujin@alpha.ocn.ne.jp
　　　　http://www.e-asu.com/koujin/

## 朝日カルチャーセンター 地方自治講座ブックレット

- No.1 自治体経営と政策評価
  山本清 1,000円
- No.2 ガバメント・ガバナンスと行政評価システム
  星野芳昭 1,000円
- No.4 政策法務は地方自治の柱づくり
  辻山幸宣 1,000円
- No.5 政策法務がゆく
  北村喜宣 1,000円

## TAJIMI CITY ブックレット

- No.2 分権段階の総合計画づくり
  松下圭一 400円（委託販売）
- No.3 これからの行政活動と財政
  西尾勝 1,000円
- No.4 構造改革時代の手続的公正と第2次分権改革
  鈴木庸夫 1,000円
- ～手続的公正の心理学から
  五十嵐敬喜＋立法学ゼミ 1,800円
- 都市は戦争できない
  高寄昇三 1,700円
- 自治体人件費の解剖
  松下圭一 2,500円
- 社会教育の終焉 [新版]
- 挑戦する都市 多治見市
  多治見市 2,000円
- 自治体と福祉改革
  加藤良重 2,200円
- 少子・超高齢社会に向けて
  船越準蔵 1,400円
- No.5 自治体基本条例はなぜ必要か（仮）
  辻山幸宣 1,000円（予価）
- 国土開発と自治体法政策
  駒谷治克 2,800円
- 米国都市の行財政
  近藤直光 1,800円

## 公人の友社の本

- 新市民時代の文化行政
  中川幾郎 1,942円
- 現代地方自治キーワード186
  小山善一郎 2,600円
- 地方公務員スピーチ実例集
  小野昇 2,000円
- アートを開く パブリックアートの新展開
  竹田直樹 4,200円
- 日本の彫刻設置事業
  竹田直樹 3,900円
- 教師が変われば子供が変わる
  船越準蔵 1,400円
- 砂に書いたSOS
  船越準蔵 1,200円
- 教師になった可奈子への手紙
  船越準蔵 1,200円
- 学校公用文実例百科
  学校文書研究会 3,865円

No.59 環境自治体とISO
畠山武道 700円

No.60 地方分権
古矢旬 [未刊]

No.61 分権の可能性
―スコットランドと北海道
山口二郎 600円

No.62 機能重視型政策の分析過程と財務情報
宮脇淳 800円

No.63 自治体の広域連携
佐藤克廣 900円

No.64 分権時代における地域経営
見野全 700円

No.65 町村合併は住民自治の区域の変更である。
森啓 800円

No.66 自治体学のすすめ
田村明 900円

No.67 市民・行政・議会のパートナーシップを目指して
松山哲男 700円

No.68 アメリカン・デモクラシーと地方分権
古矢旬 [未刊]

No.69 転型期自治体の発想と手法
松下圭一 900円

No.69 新地方自治法と自治体の自立
井川博 900円

No.70 分権型社会の地方財政
神野直彦 1,000円

No.71 自然と共生した町づくり
宮崎県・綾町
森山喜代香 700円

No.72 情報共有と自治体改革
ニセコ町からの報告
片山健也 1,000円

《平成13年度》

No.73 地域民主主義の活性化と自治体改革
山口二郎 600円

No.74 地域通貨と地域自治
西部忠 900円

No.75 分権は市民への権限委譲
上原公子 1,000円

No.75 今、なぜ合併か
瀬戸亀男 800円

No.76 市町村合併をめぐる状況分析
小西砂千夫 800円

No.77 自治体の政策形成と法務システム
福士明 [未刊]

No.78 ポスト公共事業社会と自治体政策
五十嵐敬喜

No.79 男女共同参画社会と自治体政策
樋口恵子 [未刊]

No.80 自治体人事政策の改革
森啓 800円

No.81 自治体とNPOとの関係
田口晃 [未刊]

《平成14年度》

No.82 地域通貨と地域自治
西部忠 900円

No.83 北海道経済の戦略と戦術
宮脇淳 800円

No.84 地域おこしを考える視点
矢作弘 700円

No.87 北海道行政基本条例論
神原勝 1,100円

No.90 「協働」の思想と体制
森啓 800円

No.91 協働のまちづくり
三鷹市の様々な取組みから
秋元政三 700円

No.92 シビル・ミニマム再考
ベンチマークとマニフェスト
松下圭一 900円

No.93 市町村合併の財政論
高木健二 800円

No.94 北海道自治のかたち論
神原勝 [未刊]

《平成15年度》

No.26 地方分権と地方財政
横山純一 ［品切れ］

《平成10年度》

No.27 比較してみる地方自治
田口晃・山口二郎 ［品切れ］

No.28 議会改革とまちづくり
森啓 400円

No.29 自治の課題とこれから
逢坂誠二 ［品切れ］

No.30 内発的発展による地域産業の振興
保母武彦 600円

No.31 地域の産業をどう育てるか
金井一頼 600円

No.32 金融改革と地方自治体
宮脇淳 600円

No.33 ローカルデモクラシーの統治能力
山口二郎 400円

No.34 政策立案過程への「戦略計画」手法の導入
佐藤克廣 500円

No.35 98サマーセミナーから「変革の時」の自治を考える
神原昭子・磯田憲一・大和田建太郎 600円

No.36 地方自治のシステム改革
辻山幸宣 400円

No.37 分権時代の政策法務
磯崎初仁 600円

No.38 地方分権と法解釈の自治
兼子仁 400円

No.39 市民的自治思想の基礎
今井弘道 500円

No.40 自治基本条例への展望
辻道雅宣 500円

No.41 少子高齢社会と自治体の福祉法務
加藤良重 400円

No.42 改革の主体は現場にあり
山田孝夫 900円

《平成11年度》

No.43 自治と分権の政治学
鳴海正泰 1,100円

No.44 公共政策と住民参加
宮本憲一 1,100円

No.45 農業を基軸としたまちづくり
小林康雄 800円

No.46 これからの北海道農業とまちづくり
篠田久雄 800円

No.47 自治の中に自治を求めて
佐藤守 1,000円

No.48 介護保険は何を変えるのか
池田省三 1,100円

No.49 介護保険と広域連合
西幸雄 1,000円

No.50 自治体職員の政策水準
森啓 1,100円

No.51 分権型社会と条例づくり
篠原一 1,000円

No.52 自治体における政策評価の課題
佐藤克廣 1,000円

No.53 小さな町の議員と自治体
室崎正之 900円

No.54 地方自治を実現するために法が果たすべきこと
木佐茂男 ［未刊］

No.55 改正地方自治法とアカウンタビリティ
鈴木庸夫 1,200円

No.56 財政運営と公会計制度
宮脇淳 1,100円

No.57 自治体職員の意識改革を如何にして進めるか
林嘉男 1,000円

《平成12年度》

No.58 北海道の地域特性と道州制の展望
神原勝 ［未刊］

# 「地方自治土曜講座」ブックレット

No.31 地方分権と法定外税
外川伸一 800円

No.32 東京都銀行税判決と課税自主権
高寄昇三 1,000円

No.33 都市型社会と防衛論争
松下圭一 900円

No.34 中心市街地の活性化に向けて
山梨学院大学行政研究センター 1,200円

No.35 自治体企業会計導入の戦略
高寄昇三 1,100円

No.36 行政基本条例の理論と実際
神原勝・佐藤克廣・辻道雅宣 1,000円

No.37 市民文化と自治体文化戦略
松下圭一 800円

《平成7年度》

No.1 現代自治の条件と課題
神原勝 900円

No.2 自治体の政策研究
森啓 600円

No.3 現代政治と地方分権
山口二郎 [品切れ]

No.4 行政手続と市民参加
畠山武道 [品切れ]

No.5 成熟型社会の地方自治像
間島正秀 500円

No.6 自治体法務とは何か
木佐茂男 [品切れ]

No.7 自治と参加アメリカの事例から
佐藤克廣 [品切れ]

《平成8年度》

No.8 政策開発の現場から
小林勝彦・大石和也・川村喜芳 [品切れ]

No.9 まちづくり・国づくり
五十嵐広三・西尾六七 500円

No.10 自治体デモクラシーと政策形成
山口二郎 500円

No.11 自治体理論とは何か
森啓 600円

No.12 池田サマーセミナーから
間島正秀・福士明・田口晃 500円

No.13 憲法と地方自治
中村睦男・佐藤克廣 500円

No.14 まちづくりの現場から
斎藤外一・宮嶋望 500円

No.15 環境問題と当事者
畠山武道・相内俊一 [品切れ]

No.16 情報化時代とまちづくり
千葉純・笹谷幸一 [品切れ]

《平成9年度》

No.17 市民自治の制度開発
神原勝 500円

No.18 行政の文化化
森啓 600円

No.19 政策法学と条例
阿倍泰隆 [品切れ]

No.20 政策法務と自治体
岡田行雄 [品切れ]

No.21 分権時代の自治体経営
北良治・佐藤克廣・大久保尚孝 600円

No.22 地方分権推進委員会勧告とこれからの地方自治
西尾勝 500円

No.23 産業廃棄物と法
畠山武道 [品切れ]

No.25 自治体の施策原価と事業別予算
小口進一 600円

# 公人の友社のブックレット一覧
(03.9.20 現在)

「地方自治ジャーナル」ブックレット

No.1 水戸芸術館の実験
森啓・横須賀徹 1,166円 [品切れ]

No.2 政策課題研究の研修マニュアル
首都圏政策研究会・研修研究会 1,359円

No.3 使い捨ての熱帯林
熱帯雨林保護法律家リーグ 971円

No.4 自治体職員世直し志士論
村瀬誠 971円

No.5 行政と企業は文化支援で何ができるか
日本文化行政研究会 1,166円

No.6 まちづくりの主人公は誰だ
浦野秀一・野本孝松・松村徹・田中富雄 1,166円 [品切れ]

No.7 パブリックアート入門
竹田直樹 1,166円

No.8 市民的公共と自治
今井照 1,166円

No.9 ボランティアを始める前に
佐野章二 777円

No.10 自治体職員の能力
自治体職員能力研究会 1,166円

No.11 パブリックアートは幸せか
山岡義典 1,166円

No.12 市民がになう自治体公務
パートタイム公務員論研究会 1,359円

No.13 行政改革を考える
山梨学院大学行政研究センター 1,166円

No.14 上流文化圏からの挑戦
山梨学院大学行政研究センター 1,166円

No.15 市民自治と直接民主制
高寄昇三 951円

No.16 議会と議員立法
上田章・五十嵐敬喜 1,600円

No.17 分権段階の自治体と政策法務
松下圭一他 1,456円

No.18 地方分権と補助金改革
高寄昇三 1,200円

No.19 分権化時代の広域行政
山梨学院大学行政研究センター 1,200円

No.20 あなたのまちの学級編成と地方分権
田嶋義介 1,200円

No.21 自治体も倒産する
加藤良重 1,000円

No.22 ボランティア活動の進展と自治体の役割
山梨学院大学行政研究センター 1,200円

No.23 新版・2時間で学べる「介護保険」
加藤良重 800円

No.24 男女平等社会の実現と自治体の役割
山梨学院大学行政研究センター 1,200円

No.25 市民がつくる東京の環境・公害条例
市民案をつくる会 1,000円

No.26 東京都の「外形標準課税」はなぜ正当なのか
青木宗明・神田誠司 1,000円

No.27 少子高齢化社会における福祉のあり方
山梨学院大学行政研究センター 1,200円

No.28 財政再建団体
橋本行史 1,000円

No.29 交付税の解体と再編成
高寄昇三 1,000円

No.30 町村議会の活性化
山梨学院大学行政研究センター 1,200円